INTRODUCCIÓN

Este libro es el resultado de mi experiencia en el estudio de las normas, partiendo de las técnicas que me enseñaron mis profesores y formadores, y que he intentado sintetizar en esta colección de normas; por ello, muchas de las estructuras o consejos que ofrezco ya los conocerás y estarás familiarizado con su uso; por tanto, no considero que tu estudio debas limitarlo a la estructura o a los consejos que ofrezco, sino que adáptalos a tu forma de estudiar y las técnicas que te hayan enseñado.

La finalidad de este método práctico es ofrecer el texto legal de la norma para su estudio por el usuario, proponiendo distintas herramientas que podrán permitir garantizar la comprensión, memorización, análisis y, en su caso, programación del estudio del texto normativo.

Este material va dirigido a todas aquellas personas que estudian la norma con la finalidad de la superación de ejercicios en los **estudios reglados** –de contenido jurídico– y/u **oposiciones**, o que lo hacen por motivos **profesionales**.

Tras un somero vistazo se podrá comprobar que el esquema propuesto es siempre el mismo:

- tabla informativa del precepto,
- transcripción del artículo de la norma –extraída de la página web del BOE (Agencia Estatal del Boletín Oficial del Estado)– y
- la tabla con las herramientas.

Estas tablas están dispuestas para su uso, es decir para que el lector escriba sobre ella en los espacios habilitados (espacios en blanco, no sombreados). Se sugiere que la escritura se realice en lápiz o bolígrafo borrable, por los aspectos que luego se dirán, y para permitir la corrección.

A continuación, se pasa a explicar qué es lo que se aconseja se tiene que indicar en cada apartado de las tablas:

En relación a la primera tabla, hemos de indicar previamente, que, si bien las tablas se reproducen en todos los preceptos, no tienes o debes estudiarlos todos, ya que todo dependerá del nivel de la materia que te exijan o quieras analizar. A dicho fin, encontrarás al principio de cada precepto la siguiente tabla:

Tema (1)	
Epígrafe (2)	
Artículos relacionados (3)	

Para rellenar esta tabla, te explicamos:

(1) Tema.

Detente y analiza el programa o temario que te exijan, y en vista al mismo marques el número del tema (1) del mismo al que se refiere el programa.

(2) Epígrafe.

Al igual en el tema fíjate en el programa o temario y escribe el epígrafe concreto que contiene el precepto.

Podrá suceder que el mismo artículo se estudia en otros temas u otros epígrafes, anótalo también aquí.

(3) Artículos relacionados.

A veces, sucederá que varios preceptos o artículos se contienen en el epígrafe, pues anota sus números.

La segunda tabla contiene los siguientes campos:

<table>
<tr><td colspan="2">(4) Nº de lecturas/ Fecha programada próxima lectura</td><td>Nº ....
Fecha ..../..../....</td></tr>
<tr><td colspan="3">(5) PREGUNTAS TRAS LAS LECTURAS</td></tr>
<tr><td colspan="3"></td></tr>
<tr><td>(5.1.) ¿Cuál es el supuesto de hecho para que se dé la consecuencia jurídica?</td><td colspan="2">(5.2.) ¿Qué consecuencia pasa o sucede si se da el supuesto de hecho?</td></tr>
<tr><td></td><td colspan="2"></td></tr>
<tr><td colspan="2">(6) Nº de contestaciones total a todas las preguntas/
Fecha programada próxima contestación a todas las preguntas</td><td>Nº ....
Fecha ..../..../....</td></tr>
<tr><td>(7) ESQUEMA</td><td colspan="2">(9) RESUMEN</td></tr>
<tr><td></td><td colspan="2"></td></tr>
</table>

(8) Nº de repasos esquema/Fecha programada próximo repaso esquema	Nº .... Fecha ..../..../....	(10) Nº de repasos resumen/Fecha programada próximo repaso resumen	Nº .... Fecha ..../..../....
(11) TUS REGLAS NEMOTÉCNICAS			
(12) AMPLIACIÓN DEL CONTENIDO: PRECEPTOS DE ESTA NORMA/PRECEPTOS DE OTRAS NORMAS/DOCTRINA: SENTENCIAS O RESOLUCIONES DE ÓRGANOS CONSULTIVOS/NOTAS			
(13) Nº de repasos/ Fecha programada próximo repaso ampliación contenido			Nº .... Fecha ..../...../...
(14) MODIFICACIONES AL PRECEPTO/DECLARACIÓN DE NULIDAD			
(15) Incorporación a texto y programación arriba			SI/NO

A continuación, te explicamos cual es el contenido de cada epígrafe:

Aconsejamos que subrayes lo que consideras importante del precepto, teniendo en cuenta para ello, si lo deseas, las siguientes normas:

1ª. SUBRAYA EN AMARILLO:

- La palabra Libro, y/o Título, y/o Capítulo, y/o Sección, y/ o Subsección, y, por último, artículo o disposición;
- El número del Libro, y/o Título, y/o Capítulo, y/o Sección, y/ o Subsección y, por último, artículo o disposición;
- El título del Libro, y/o Título, y/o Capítulo, y/o Sección, y/ o Subsección, y, por último, artículo o disposición, o la palabra o palabras más importantes del título, por ejemplo:

2ª Formúlate esta pregunta: ¿Es un artículo que se refiere a aspectos de la vigencia de la norma?

Es decir, es un artículo que se refiere a cuando se inicia -la vigencia, la validez u obligatoriedad de la norma-, o cuánto dura -la vigencia, la validez u obligatoriedad de la norma- o cuando se extingue -la vigencia, la validez u obligatoriedad de la norma-.

En este caso **SUBRAYA EN AZUL** las palabras fundamentales de esa vigencia de la norma.

Ahora, intenta identificar si existen los elementos de la norma (aunque habrá veces que no lo identifiques, porque no existen): el SUPUESTO DE HECHO y LA CONSECUENCIA JURÍDICA (no te olvides que son uno mismo, es decir si existe un supuesto de hecho habrá una consecuencia jurídica, no existirá supuesto de hecho sin consecuencia jurídica, ni consecuencia jurídica sin supuesto de hecho):

SUBRAYA EN VERDE EL SUPUESTO DE HECHO, búscalo preguntándote ¿qué hechos materiales –que se pueden observar por los sentidos- o hechos jurídicos –contratos, actos,...- son necesarios que se desencadene la consecuencia jurídica?.

SUBRAYA EN ROSA LA CONSECUENCIA JURÍDICA, búscala preguntándote ¿qué consecuencia pasa o sucede si se da el supuesto de hecho?

3ª Si de la lectura comprendes que el artículo no se refiere a un aspecto de vigencia, hazte esta pregunta: ¿Es un artículo que efectúa una declaración, explicación o definición de la norma?

Es decir, es un artículo que explica, define o interpreta términos de la propia norma.

En este caso **SUBRAYA EN AZUL** las palabras fundamentales de esa declaración, explicación o definición de la norma.

Ahora, intenta identificar si existen los elementos de la norma (aunque habrá veces que no lo identifiques, porque no existen): el SUPUESTO DE HECHO y LA CONSECUENCIA JURÍDICA (no te olvides que son uno mismo, es decir si existe un supuesto de hecho habrá una consecuencia jurídica, no existirá supuesto de hecho sin consecuencia jurídica, ni consecuencia jurídica sin supuesto de hecho):

SUBRAYA EN VERDE EL SUPUESTO DE HECHO, búscalo preguntándote ¿qué hechos materiales –que se pueden observar por los sentidos- o hechos jurídicos –contratos, actos,...- son necesarios que se desencadene la consecuencia jurídica?.

SUBRAYA EN ROSA LA CONSECUENCIA JURÍDICA, búscala preguntándote ¿qué consecuencia pasa o sucede si se da el supuesto de hecho?

4ª Si de la lectura comprendes que el artículo no se refiere a ninguno de los aspectos anteriores, hazte esta pregunta: ¿Es un artículo que se refiere permisividad a la exigencia del cumplimiento de la norma?

Es decir, es un artículo que establece casos de excepción a las obligaciones impuestas en la norma, con carácter general.

En este caso **SUBRAYA EN AZUL** las palabras fundamentales de esa excepción a la norma.

Ahora, intenta identificar si existen los elementos de la norma (aunque habrá veces que no lo identifiques, porque no existen): el SUPUESTO DE HECHO y LA CONSECUENCIA JURÍDICA (no te olvides que son uno mismo, es decir si existe un supuesto de hecho habrá una consecuencia jurídica, no existirá supuesto de hecho sin consecuencia jurídica, ni consecuencia jurídica sin supuesto de hecho):

SUBRAYA EN VERDE EL SUPUESTO DE HECHO, búscalo preguntándote ¿qué hechos materiales –que se pueden observar por los sentidos- o hechos jurídicos –contratos, actos,...- son necesarios que se desencadene la consecuencia jurídica?.

SUBRAYA EN ROSA LA CONSECUENCIA JURÍDICA, búscala preguntándote ¿qué consecuencia pasa o sucede si se da el supuesto de hecho?

5ª. Si de la lectura comprendes que el artículo no se refiere a ninguno de los aspectos anteriores, pregúntate: ¿Es un artículo que sanciona el incumplimiento de la norma?

Es decir, es un artículo que sanciona los acciones que no respetan los preceptos de la norma.

En este caso **SUBRAYA EN AZUL** las palabras más significativas que determinan los aspectos más significativos de la sanción

Ahora, intenta identificar si existen los elementos de la norma (aunque habrá veces que no lo identifiques, porque no existen): el SUPUESTO DE HECHO y LA CONSECUENCIA JURÍDICA (no te olvides que son uno mismo, es decir si existe un supuesto de hecho habrá una consecuencia jurídica, no existirá supuesto de hecho sin consecuencia jurídica, ni consecuencia jurídica sin supuesto de hecho):

SUBRAYA EN VERDE EL SUPUESTO DE HECHO, búscalo preguntándote ¿qué hechos materiales –que se pueden observar por los sentidos- o hechos jurídicos –contratos, actos, - son necesarios que se desencadene la consecuencia jurídica?

SUBRAYA EN ROSA LA CONSECUENCIA JURÍDICA, búscala preguntándote ¿qué consecuencia pasa o sucede si se da el supuesto de hecho?

6ª. Si de la lectura comprendes que el artículo no se refiere a ninguno de los aspectos anteriores, intenta contestar a esta pregunta: ¿Es un artículo que se fija en la organización, procedimiento o competencia?

Es decir, es un artículo que se refiere a elementos de organización - medios materiales o personales-,o órganos – estructura, competencia, funcionamiento-o procedimiento – caminos o modos de actuar de los órganos-.

En este caso **SUBRAYA EN AZUL** las palabras más importantes que determinan los aspectos de la organización, órganos o procedimiento.

Ahora, intenta identificar si existen los elementos de la norma (aunque habrá veces que no lo identifiques, porque no existen): el SUPUESTO DE HECHO y LA CONSECUENCIA JURÍDICA (no te olvides que son uno mismo, es decir si existe un supuesto de hecho habrá una consecuencia jurídica, no existirá supuesto de hecho sin consecuencia jurídica, ni consecuencia jurídica sin supuesto de hecho):

SUBRAYA EN VERDE EL SUPUESTO DE HECHO, búscalo preguntándote ¿qué hechos materiales –que se pueden observar por los sentidos- o hechos jurídicos –contratos, actos,...- son necesarios que se desencadene la consecuencia jurídica?

SUBRAYA EN ROSA LA CONSECUENCIA JURÍDICA, búscala preguntándote ¿qué consecuencia pasa o sucede si se da el supuesto de hecho?

7ª. Por último, si de la lectura comprendes que el artículo no se refiere a ninguno de los aspectos anteriores, plantea esta pregunta: ¿Es un artículo que se fija en una norma de conducta? o ¿éste artículo regula el comportamiento del individuo o la actividad?

Ahora, intenta identificar si existen los elementos de la norma (aunque habrá veces que no lo identifiques, porque no existen): el SUPUESTO DE HECHO y LA CONSECUENCIA JURÍDICA (no te olvides que son uno mismo, es decir si existe un supuesto de hecho habrá una consecuencia jurídica, no existirá supuesto de hecho sin consecuencia jurídica, ni consecuencia jurídica sin supuesto de hecho):

SUBRAYA EN VERDE EL SUPUESTO DE HECHO, búscalo preguntándote ¿qué hechos materiales –que se pueden observar por los sentidos- o hechos jurídicos –contratos, actos,...- son necesarios que se desencadene la consecuencia jurídica?.

SUBRAYA EN ROSA LA CONSECUENCIA JURÍDICA, búscala preguntándote ¿qué consecuencia pasa o sucede si se da el supuesto de hecho?

(5) PREGUNTAS TRAS LAS LECTURAS.

En este apartado deberás anotar la pregunta que te formulas tras cada lectura. Evidentemente llegará un momento, o habrá lecturas, en las que no se te ocurra ninguna pregunta.

Ante todo, debes intentar contestar las preguntas que surgen de las pautas del subrayado:

- ¿qué aspectos de la vigencia de la norma?
- ¿qué declaración, explicación o definición contiene la norma?
- ¿qué permisividad a la exigencia del cumplimiento fija la norma?
- ¿cómo sanciona el incumplimiento de la norma?
- ¿qué fija de la organización, procedimiento o competencia?
- ¿este artículo regula el comportamiento del individuo o la actividad?

Luego seguirás formulándote preguntas generales, sobre el contenido global del precepto (¿Qué...? -) y luego, a medida que hagas más lecturas, hagas preguntas más precisas o concretas sobre materias que contenga el precepto (ejemplo: personas -¿Quién...?-, órganos -¿Qué ....?-, plazos -¿Cuál ....?- , modos o formas -¿Cómo...?, lugares ¿Dónde...?, motivos -¿Cuáles...? ¿Por qué...? -, causas- ¿Cuáles...? ¿Por qué...? -, obligaciones- ¿Cuáles...? -, derechos - ¿Cuáles...? -,).

Como consejo al principio rellena las preguntas con el título que, normalmente, tiene el precepto (ejemplo: Artículo 1. Objeto, la pregunta general sería: ¿Qué objeto tiene la ley ...?; las preguntas concretas serían: ¿Cuáles son las administraciones a las que se refiere el objeto de la ley...?, ¿A quién se excluye del objeto de la ley...?).

Formando parte del apartado de preguntas, hemos incluido dos apartados, relativos a los elementos básicos de la norma (supuesto de hecho y consecuencia jurídica), aunque como ya te indicamos algunas veces no los localizaras, por su inexistencia. En esto apartados, aunque están en el apartado de pregunta tendrás que contestar:

(5.1.) ¿CUÁL ES EL SUPUESTO DE HECHO PARA QUE SE DÉ LA CONSECUENCIA JURÍDICA? O ¿Qué hechos materiales –que se pueden observar por los sentidos- o hechos jurídicos –contratos, actos, ...- son necesarios que se desencadene la consecuencia jurídica?

(5.2.) ¿QUÉ CONSECUENCIA PASA O SUCEDE SI SE DA EL SUPUESTO DE HECHO?

Si existiera más de un supuesto de hecho y consecuencia jurídica enuméralos, mantén la correlación del supuesto con la consecuencia jurídica que tenga.

(6) Nº de contestaciones total a todas las preguntas/ Fecha programada próxima contestación a todas las preguntas.

Una vez que te formules la pregunta debes contestarla, sin mirar el precepto, y luego comprobar si has fallado o no; si has fallado vuelve a hacerte la pregunta y contesta otra vez, así hasta que lo consigas.

A medida que, tras las lecturas del precepto, vayas incorporando más preguntas, vuelve a formularte otra vez todas las preguntas (incluyendo las antiguas y las nuevas), contéstalas, sin mirar el precepto y, cuando contestes todas, comprueba, mirando precepto, si has acertado o no. Cada vez que consigas contestar bien a todas las preguntas, de seguido –sin fallar ninguna– anota el número de veces que corresponda – por ejemplo: si es la quinta vez que contestas bien a todas anota 5-, y programa la próxima fecha para contestar a todas las preguntas; al igual que se comentó en el apartado de nº de lecturas, debes guiarte por tus sensaciones de seguridad para alejar o acercar la fecha en que programes una nueva contestación a todas las preguntas. Por último, en este apartado, se aconseja, de nuevo, que escribas estos campos en lápiz o bolígrafo borrable, debido a su constante uso.

(7) ESQUEMA.

En este espacio forma tu esquema del precepto.

(8) Nº de repasos esquema/ Fecha programada próximo repaso esquema.

Al igual que en el campo de nº de lecturas y nº contestaciones, escribe el número de veces que has repasado el esquema y/o que lo has contestado (escrito) sin mirar tu escrito, y anota el día en que programas para repasar (lectura y/o escritura sin mirar el esquema).

(9) RESUMEN.

En este espacio, si lo consideras necesario, escribe el resumen del precepto.

(10) Nº de repasos resumen/ Fecha programada próximo repaso resumen.

Como en todos los campos de programación, en este apartado anota el número de veces que has vuelto a leer el resumen y/o que los has contestado (verbal o escrito) sin mirar, y anota el día en que programas su repaso (lectura y/o escritura/dictado oral sin mirar el resumen).

(11) TUS REGLAS NEMOTÉCNICAS.

En este apartado escribe tus normas nemotécnicas para acordarte de los términos más importantes de la norma.

(12) AMPLIACIÓN DEL CONTENIDO: PRECEPTOS DE ESTA NORMA/PRECEPTOS DE OTRAS NORMAS/DOCTRINA: SENTENCIAS O RESOLUCIONES DE ÓRGANOS CONSULTIVOS/NOTAS.

Este apartado permite, por un lado, una ampliación del contenido del precepto con la finalidad que puedas anotar, a pie de página, las referencias: a otros artículos de la norma relacionados o de otras normas, a sentencias o resolución de órganos consultivos que aclaran o interpretan el precepto, y a tus propias notas.

(13) Nº de repasos ampliación contenido/ Fecha programada ampliación contenido.

Como en los anteriores campos de programación anota el número de repasos que has dado y la fecha programada para el próximo repaso.

(14) MODIFICACIONES AL PRECEPTO/DECLARACIÓN DE NULIDAD.

La tabla finaliza con el recuadro de modificaciones, en donde señalaras la norma que modifica o la sentencia que anula –total o parcialmente– el precepto.

(15) Incorporación a texto y programación arriba.

Este campo te servirá de aviso si has incorporado la modificación o nulidad al texto de arriba, no te olvides que esto implica que deberás: modificar el texto de la norma y comenzar de nuevo con una nueva programación, siguiendo la tabla anterior (lecturas, preguntas, esquema, resumen) partiendo de cero.

Para finalizar este apartado introductorio, resaltamos que cada usuario tendrá sus métodos o técnicas, y la estructura de las tablas deberás adaptarlas a ti (es decir, no debes completar todos los campos, usa sólo los que satisfacen tu nivel de conocimientos, así si con el apartado de preguntas te es suficiente, no utilices el resto de apartados –lecturas, resúmenes, esquemas, ...–). No te olvides que el objetivo es ofrecerte el texto de una norma –lo importante– con una serie de tablas/herramientas cuyo uso depende de ti: modificando su contenido, ampliándolo o reduciéndolo, según tus técnicas o métodos de estudio.

Resaltar que en la exposición de motivos/introducción/preámbulo y en las disposiciones adicionales/transitorias/finales/derogadas incluimos esta tabla.

Si te fijas no tiene más campo que el de la programación de lectura, y ello porque lo que pretendemos es que anotes a tu criterio lo que consideres necesario, siguiendo, o no, el guión de los consejos que te hemos enumerado: preguntas, esquema, etc.

Nº de lecturas/ Fecha programada próxima lectura	**Nº ....** **Fecha ..../..../....**

Para finalizar este apartado introductorio, resalto que este libro no pretende dar un método de estudio de la norma que debas de seguir, ya que cada usuario tendrá sus métodos o técnicas, y la estructura de las tablas deberás adaptarlas a ti (es decir, no debes completar todos los campos, usa sólo los que satisfacen tu nivel de conocimientos, así si con el apartado de preguntas te es suficiente, no utilices el resto de apartados –lecturas, resúmenes, esquemas, -). No te olvides que el objetivo de este libro es ofrecerte el texto de una norma –lo importante- con una serie de tablas/herramientas cuyo uso depende de ti: modificando su contenido, ampliándolo o reduciéndolo, según tus técnicas o métodos de estudio.

Autor
Miguel Ángel García Valderrey

A continuación, te facilitamos un ejemplo con una tabla con los campos rellenados, con el objeto que comprendas la mecánica de la técnica que te hemos propuesto:

☛ Artículo 5. Representación

Tema (1)	*PARTE GENERAL* *Tema 1.*
Epígrafe (2)	*La Constitución Española de 1978: Principios generales.*
Artículos relacionados (3)	*Todos aquellos que hagan referencia al Estado.*

1. Los interesados con capacidad de obrar podrán actuar por medio de representante, entendiéndose con éste las actuaciones administrativas, salvo manifestación expresa en contra del interesado.

2. Las personas físicas con capacidad de obrar y las personas jurídicas, siempre que ello esté previsto en sus Estatutos, podrán actuar en representación de otras ante las Administraciones Públicas.

3. Para formular solicitudes, presentar declaraciones responsables o comunicaciones, interponer recursos, desistir de acciones y renunciar a derechos en nombre de otra persona, deberá acreditarse la representación. Para los actos y gestiones de mero trámite se presumirá aquella representación.

4. La representación podrá acreditarse mediante cualquier medio válido en Derecho que deje constancia fidedigna de su existencia.

A estos efectos, se entenderá acreditada la representación realizada mediante apoderamiento apud acta efectuado por comparecencia personal o comparecencia electrónica en la correspondiente sede electrónica, o a través de la acreditación de su inscripción en el registro electrónico de apoderamientos de la Administración Pública competente.

5. El órgano competente para la tramitación del procedimiento deberá incorporar al expediente administrativo acreditación de la condición de representante y de los poderes que tiene reconocidos en dicho momento. El documento electrónico que acredite el resultado de la consulta al registro electrónico de apoderamientos correspondiente tendrá la condición de acreditación a estos efectos.

6. La falta o insuficiente acreditación de la representación no impedirá que se tenga por realizado el acto de que se trate, siempre que se aporte aquélla o se subsane el defecto dentro del plazo de diez días que deberá conceder al efecto el órgano administrativo, o de un plazo superior cuando las circunstancias del caso así lo requieran.

7. Las Administraciones Públicas podrán habilitar con carácter general o específico a personas físicas o jurídicas autorizadas para la realización de determinadas transacciones electrónicas en representación de los interesados. Dicha habilitación deberá especificar las condiciones y obligaciones a las que se comprometen los que así adquieran la condición de representantes, y determinará la presunción de validez de la representación salvo que la normativa de aplicación prevea otra cosa. Las Administraciones Públicas podrán requerir, en cualquier momento, la acreditación de dicha representación. No obstante, siempre podrá comparecer el interesado por sí mismo en el procedimiento.

(4) Nº de lecturas/ Fecha programada próxima lectura	**Nº** *3* **Fecha** *25/04/2022*

(5) PREGUNTAS TRAS LAS LECTURAS

¿Qué tipo de Estado es España?
¿Qué valores propugna la Constitución del ordenamiento jurídico español?
¿En quién reside la soberanía nacional del Estado español?
¿De quién emanan los poderes del Estado español?
¿Cuál es la forma política del Estado español?
¿Qué son en la constitución la igualdad y el pluralismo político?
¿Qué es la Monarquía parlamentaria?
¿Qué ostenta el pueblo español?

(5.1.) ¿Cuál es el supuesto de hecho para que se dé la consecuencia jurídica?	**(5.2.) ¿Qué consecuencia pasa o sucede si se da el supuesto de hecho?**
1. España *2.Ordenamiento jurídico* *3.Pueblo español* *4.Pueblo español* *5.Monarquía parlamentaria*	*1. Constituye: Estado social y democrático de derecho* *2. Propugna: Libertad, igualdad y pluralismo político* *3.Reside: Soberanía nacional* *4.Emanan: Poderes del estado* *5.Forma política*

(6) Nº de contestaciones total a todas las preguntas/ Fecha programada próxima contestación a todas las preguntas	**Nº** *3* **Fecha** *25/04/2022*

(7) ESQUEMA

(9) RESUMEN

El artículo 1 de la constitución determina las características del tipo de Estado que se España: un Estado social y Democrático de derecho, con un ordenamiento jurídico basado en la libertad, justicia, igualdad y pluralismo político; un Estado cuya soberanía nacional reside en el pueblo, del que emanan los poderes; y un Estado cuya la forma política es la Monarquía parlamentaria.

(8) Nº de repasos esquema/Fecha programada próximo repaso esquema	**Nº** *3* **Fecha** *25/04/2022*	**(10) Nº de repasos resumen/Fecha programada próximo repaso resumen**	**Nº** *3* **Fecha** *25/04/2022*

(11) TUS REGLAS NEMOTÉCNICAS	***Valores del ordenamiento: Julio Cesar*** ***–J: justicia; L: libertad; I: igualdad; O: pluralismo político***

(12) AMPLIACIÓN DEL CONTENIDO: PRECEPTOS DE ESTA NORMA/PRECEPTOS DE OTRAS NORMAS/DOCTRINA: SENTENCIAS O RESOLUCIONES DE ÓRGANOS CONSULTIVOS/NOTAS	
Artículos 3, 5, 11, 20, 42, 56, 62, 65, 66, 68, 70, 75, 86, 94, 97, 102, 103, 107,109, 116, 121,, 124, 131, 133, 134, 135, 136, 137, 138, 139, 141, 142, 147, 148, 189, 150, 152, 105, 24, 156, 157, 158, 161, 164, 169.	
(13) Nº de repasos/ Fecha programada próximo repaso ampliación contenido	**Nº** *5* **Fecha** *10/02/2022*
(14) MODIFICACIONES AL PRECEPTO/DECLARACIÓN DE NULIDAD	
Ninguna, de momento	
(15) Incorporación a texto y programación arriba	**SI/NO**

CONSTITUCIÓN ESPAÑOLA

DON JUAN CARLOS I, REY DE ESPAÑA, A TODOS LOS QUE LA PRESENTE VIEREN Y ENTENDIEREN,

SABED: QUE LAS CORTES HAN APROBADO Y EL PUEBLO ESPAÑOL RATIFICADO LA SIGUIENTE CONSTITUCIÓN:

PREÁMBULO

La Nación española, deseando establecer la justicia, la libertad y la seguridad y promover el bien de cuantos la integran, en uso de su soberanía, proclama su voluntad de:

Garantizar la convivencia democrática dentro de la Constitución y de las leyes conforme a un orden económico y social justo.

Consolidar un Estado de Derecho que asegure el imperio de la ley como expresión de la voluntad popular.

Proteger a todos los españoles y pueblos de España en el ejercicio de los derechos humanos, sus culturas y tradiciones, lenguas e instituciones.

Promover el progreso de la cultura y de la economía para asegurar a todos una digna calidad de vida.

Establecer una sociedad democrática avanzada, y

Colaborar en el fortalecimiento de unas relaciones pacíficas y de eficaz cooperación entre todos los pueblos de la Tierra.

En consecuencia, las Cortes aprueban y el pueblo español ratifica la siguiente

CONSTITUCIÓN

Nº de lecturas/ Fecha programada próxima lectura	**Nº ....** **Fecha ..../..../....**

TÍTULO PRELIMINAR

☛ Artículo 1

Tema (1)	
Epígrafe (2)	
Artículos relacionados (3)	

1. España se constituye en un Estado social y democrático de Derecho, que propugna como valores superiores de su ordenamiento jurídico la libertad, la justicia, la igualdad y el pluralismo político.

2. La soberanía nacional reside en el pueblo español, del que emanan los poderes del Estado.

3. La forma política del Estado español es la Monarquía parlamentaria.

(4) Nº de lecturas/ Fecha programada próxima lectura	Nº .... Fecha ..../..../....
(5) PREGUNTAS TRAS LAS LECTURAS	
(5.1.) ¿Cuál es el supuesto de hecho para que se dé la consecuencia jurídica?	(5.2.) ¿Qué consecuencia pasa o sucede si se da el supuesto de hecho?
(6) Nº de contestaciones total a todas las preguntas/ Fecha programada próxima contestación a todas las preguntas	Nº .... Fecha ..../..../....

(7) ESQUEMA	(9) RESUMEN

(8) Nº de repasos esquema/Fecha programada próximo repaso esquema	Nº .... Fecha ..../..../....	(10) Nº de repasos resumen/Fecha programada próximo repaso resumen	Nº .... Fecha ..../..../....
(11) TUS REGLAS NEMOTÉCNICAS			

(12) AMPLIACIÓN DEL CONTENIDO: PRECEPTOS DE ESTA NORMA/PRECEPTOS DE OTRAS NORMAS/DOCTRINA: SENTENCIAS O RESOLUCIONES DE ÓRGANOS CONSULTIVOS/NOTAS

(13) Nº de repasos/ Fecha programada próximo repaso ampliación contenido	Nº .... Fecha ..../...../...
(14) MODIFICACIONES AL PRECEPTO/DECLARACIÓN DE NULIDAD	
(15) Incorporación a texto y programación arriba	SI/NO

☛ Artículo 2

Tema (1)	
Epígrafe (2)	
Artículos relacionados (3)	

La Constitución se fundamenta en la indisoluble unidad de la Nación española, patria común e indivisible de todos los españoles, y reconoce y garantiza el derecho a la autonomía de las nacionalidades y regiones que la integran y la solidaridad entre todas ellas.

(4) Nº de lecturas/ Fecha programada próxima lectura	Nº .... Fecha ..../..../....
(5) PREGUNTAS TRAS LAS LECTURAS	
(5.1.) ¿Cuál es el supuesto de hecho para que se dé la consecuencia jurídica?	(5.2.) ¿Qué consecuencia pasa o sucede si se da el supuesto de hecho?

(6) Nº de contestaciones total a todas las preguntas/ Fecha programada próxima contestación a todas las preguntas	Nº ……….. Fecha ..../..../....

(7) ESQUEMA	(9) RESUMEN

(8) Nº de repasos esquema/Fecha programada próximo repaso esquema	Nº ……….. Fecha ..../..../....	(10) Nº de repasos resumen/Fecha programada próximo repaso resumen	Nº ……….. Fecha ..../..../....

(11) TUS REGLAS NEMOTÉCNICAS	

(12) AMPLIACIÓN DEL CONTENIDO: PRECEPTOS DE ESTA NORMA/PRECEPTOS DE OTRAS NORMAS/DOCTRINA: SENTENCIAS O RESOLUCIONES DE ÓRGANOS CONSULTIVOS/NOTAS

(13) Nº de repasos/ Fecha programada próximo repaso ampliación contenido	**Nº ....** **Fecha ..../...../...**
(14) MODIFICACIONES AL PRECEPTO/DECLARACIÓN DE NULIDAD	
(15) Incorporación a texto y programación arriba	**SI/NO**

☛ Artículo 3

Tema (1)	
Epígrafe (2)	
Artículos relacionados (3)	

1. El castellano es la lengua española oficial del Estado. Todos los españoles tienen el deber de conocerla y el derecho a usarla.

2. Las demás lenguas españolas serán también oficiales en las respectivas Comunidades Autónomas de acuerdo con sus Estatutos.

3. La riqueza de las distintas modalidades lingüísticas de España es un patrimonio cultural que será objeto de especial respeto y protección.

(4) Nº de lecturas/ Fecha programada próxima lectura	**Nº ....** **Fecha ..../..../....**
(5) PREGUNTAS TRAS LAS LECTURAS	
(5.1.) ¿Cuál es el supuesto de hecho para que se dé la consecuencia jurídica?	**(5.2.) ¿Qué consecuencia pasa o sucede si se da el supuesto de hecho?**

(6) Nº de contestaciones total a todas las preguntas/ Fecha programada próxima contestación a todas las preguntas	Nº ……….. Fecha …./…./….

(7) ESQUEMA	(9) RESUMEN

(8) Nº de repasos esquema/Fecha programada próximo repaso esquema	Nº ……….. Fecha …./…./….	(10) Nº de repasos resumen/Fecha programada próximo repaso resumen	Nº ……….. Fecha …./…./….
(11) TUS REGLAS NEMOTÉCNICAS			

(12) AMPLIACIÓN DEL CONTENIDO: PRECEPTOS DE ESTA NORMA/PRECEPTOS DE OTRAS NORMAS/DOCTRINA: SENTENCIAS O RESOLUCIONES DE ÓRGANOS CONSULTIVOS/NOTAS

(13) Nº de repasos/ Fecha programada próximo repaso ampliación contenido	Nº .... Fecha ..../...../...
(14) MODIFICACIONES AL PRECEPTO/DECLARACIÓN DE NULIDAD	
(15) Incorporación a texto y programación arriba	SI/NO

☛ Artículo 4

Tema (1)	
Epígrafe (2)	
Artículos relacionados (3)	

1. La bandera de España está formada por tres franjas horizontales, roja, amarilla y roja, siendo la amarilla de doble anchura que cada una de las rojas.

2. Los Estatutos podrán reconocer banderas y enseñas propias de las Comunidades Autónomas. Estas se utilizarán junto a la bandera de España en sus edificios públicos y en sus actos oficiales.

(4) Nº de lecturas/ Fecha programada próxima lectura	Nº .... Fecha ..../..../....
(5) PREGUNTAS TRAS LAS LECTURAS	
(5.1.) ¿Cuál es el supuesto de hecho para que se dé la consecuencia jurídica?	(5.2.) ¿Qué consecuencia pasa o sucede si se da el supuesto de hecho?

<table>
<tr><td colspan="3">(6) Nº de contestaciones total a todas las preguntas/
Fecha programada próxima contestación a todas las preguntas</td><td>Nº ....
Fecha ..../..../....</td></tr>
<tr><td colspan="2">(7) ESQUEMA</td><td colspan="2">(9) RESUMEN</td></tr>
<tr><td colspan="2"></td><td colspan="2"></td></tr>
<tr><td>(8) Nº de repasos esquema/Fecha programada próximo repaso esquema</td><td>Nº ....
Fecha ..../..../....</td><td>(10) Nº de repasos resumen/Fecha programada próximo repaso resumen</td><td>Nº ....
Fecha ..../..../....</td></tr>
<tr><td>(11) TUS REGLAS NEMOTÉCNICAS</td><td colspan="3"></td></tr>
<tr><td colspan="4">(12) AMPLIACIÓN DEL CONTENIDO:
PRECEPTOS DE ESTA NORMA/PRECEPTOS DE OTRAS NORMAS/DOCTRINA: SENTENCIAS O RESOLUCIONES DE ÓRGANOS CONSULTIVOS/NOTAS</td></tr>
<tr><td colspan="4"></td></tr>
</table>

(13) Nº de repasos/ Fecha programada próximo repaso ampliación contenido	Nº .... Fecha ..../...../...
(14) MODIFICACIONES AL PRECEPTO/DECLARACIÓN DE NULIDAD	
(15) Incorporación a texto y programación arriba	SI/NO

☛ Artículo 5

Tema (1)	
Epígrafe (2)	
Artículos relacionados (3)	

La capital del Estado es la villa de Madrid.

(4) Nº de lecturas/ Fecha programada próxima lectura	Nº .... Fecha ..../..../....
(5) PREGUNTAS TRAS LAS LECTURAS	
(5.1.) ¿Cuál es el supuesto de hecho para que se dé la consecuencia jurídica?	(5.2.) ¿Qué consecuencia pasa o sucede si se da el supuesto de hecho?

<table>
<tr><td colspan="3">(6) Nº de contestaciones total a todas las preguntas/
Fecha programada próxima contestación a todas las preguntas</td><td>Nº ....
Fecha ..../..../....</td></tr>
<tr><td colspan="2">(7) ESQUEMA</td><td colspan="2">(9) RESUMEN</td></tr>
<tr><td colspan="2"></td><td colspan="2"></td></tr>
<tr><td>(8) Nº de repasos esquema/Fecha programada próximo repaso esquema</td><td>Nº ....
Fecha ..../..../....</td><td>(10) Nº de repasos resumen/Fecha programada próximo repaso resumen</td><td>Nº ....
Fecha ..../..../....</td></tr>
<tr><td>(11) TUS REGLAS NEMOTÉCNICAS</td><td colspan="3"></td></tr>
<tr><td colspan="4">(12) AMPLIACIÓN DEL CONTENIDO:
PRECEPTOS DE ESTA NORMA/PRECEPTOS DE OTRAS NORMAS/DOCTRINA: SENTENCIAS O RESOLUCIONES DE ÓRGANOS CONSULTIVOS/NOTAS</td></tr>
<tr><td colspan="4"></td></tr>
</table>

(13) Nº de repasos/ Fecha programada próximo repaso ampliación contenido	Nº .... Fecha ..../...../...
(14) MODIFICACIONES AL PRECEPTO/DECLARACIÓN DE NULIDAD	
(15) Incorporación a texto y programación arriba	SI/NO

☛ Artículo 6

Tema (1)	
Epígrafe (2)	
Artículos relacionados (3)	

Los partidos políticos expresan el pluralismo político, concurren a la formación y manifestación de la voluntad popular y son instrumento fundamental para la participación política. Su creación y el ejercicio de su actividad son libres dentro del respeto a la Constitución y a la ley. Su estructura interna y funcionamiento deberán ser democráticos.

(4) Nº de lecturas/ Fecha programada próxima lectura	Nº .... Fecha ..../..../....
(5) PREGUNTAS TRAS LAS LECTURAS	
(5.1.) ¿Cuál es el supuesto de hecho para que se dé la consecuencia jurídica?	(5.2.) ¿Qué consecuencia pasa o sucede si se da el supuesto de hecho?

(6) Nº de contestaciones total a todas las preguntas/ Fecha programada próxima contestación a todas las preguntas	Nº .... Fecha ..../..../....

(7) ESQUEMA	(9) RESUMEN

(8) Nº de repasos esquema/Fecha programada próximo repaso esquema	Nº .... Fecha ..../..../....	(10) Nº de repasos resumen/Fecha programada próximo repaso resumen	Nº .... Fecha ..../..../....

(11) TUS REGLAS NEMOTÉCNICAS	

(12) AMPLIACIÓN DEL CONTENIDO:

PRECEPTOS DE ESTA NORMA/PRECEPTOS DE OTRAS NORMAS/DOCTRINA: SENTENCIAS O RESOLUCIONES DE ÓRGANOS CONSULTIVOS/NOTAS

(13) Nº de repasos/ Fecha programada próximo repaso ampliación contenido	Nº .... Fecha ..../...../...
(14) MODIFICACIONES AL PRECEPTO/DECLARACIÓN DE NULIDAD	
(15) Incorporación a texto y programación arriba	SI/NO

☛ Artículo 7

Tema (1)	
Epígrafe (2)	
Artículos relacionados (3)	

Los sindicatos de trabajadores y las asociaciones empresariales contribuyen a la defensa y promoción de los intereses económicos y sociales que les son propios. Su creación y el ejercicio de su actividad son libres dentro del respeto a la Constitución y a la ley. Su estructura interna y funcionamiento deberán ser democráticos.

(4) Nº de lecturas/ Fecha programada próxima lectura	Nº .... Fecha ..../..../....
(5) PREGUNTAS TRAS LAS LECTURAS	
(5.1.) ¿Cuál es el supuesto de hecho para que se dé la consecuencia jurídica?	(5.2.) ¿Qué consecuencia pasa o sucede si se da el supuesto de hecho?

(6) Nº de contestaciones total a todas las preguntas/ Fecha programada próxima contestación a todas las preguntas	Nº ……….. Fecha …./…./….

(7) ESQUEMA	(9) RESUMEN

(8) Nº de repasos esquema/Fecha programada próximo repaso esquema	Nº ……….. Fecha …./…./….	(10) Nº de repasos resumen/Fecha programada próximo repaso resumen	Nº ……….. Fecha …./…./….
(11) TUS REGLAS NEMOTÉCNICAS			

(12) AMPLIACIÓN DEL CONTENIDO: PRECEPTOS DE ESTA NORMA/PRECEPTOS DE OTRAS NORMAS/DOCTRINA: SENTENCIAS O RESOLUCIONES DE ÓRGANOS CONSULTIVOS/NOTAS

(13) Nº de repasos/ Fecha programada próximo repaso ampliación contenido	Nº .... Fecha ..../...../...
(14) MODIFICACIONES AL PRECEPTO/DECLARACIÓN DE NULIDAD	
(15) Incorporación a texto y programación arriba	SI/NO

Artículo 8

Tema (1)	
Epígrafe (2)	
Artículos relacionados (3)	

1. Las Fuerzas Armadas, constituidas por el Ejército de Tierra, la Armada y el Ejército del Aire, tienen como misión garantizar la soberanía e independencia de España, defender su integridad territorial y el ordenamiento constitucional.

2. Una ley orgánica regulará las bases de la organización militar conforme a los principios de la presente Constitución.

(4) Nº de lecturas/ Fecha programada próxima lectura	Nº .... Fecha ..../..../....
(5) PREGUNTAS TRAS LAS LECTURAS	
(5.1.) ¿Cuál es el supuesto de hecho para que se dé la consecuencia jurídica?	(5.2.) ¿Qué consecuencia pasa o sucede si se da el supuesto de hecho?

(6) Nº de contestaciones total a todas las preguntas/ Fecha programada próxima contestación a todas las preguntas	Nº ……….. Fecha …./…./….

(7) ESQUEMA	(9) RESUMEN

(8) Nº de repasos esquema/Fecha programada próximo repaso esquema	Nº ……….. Fecha …./…./….	(10) Nº de repasos resumen/Fecha programada próximo repaso resumen	Nº ……….. Fecha …./…./….
(11) TUS REGLAS NEMOTÉCNICAS			

(12) AMPLIACIÓN DEL CONTENIDO: PRECEPTOS DE ESTA NORMA/PRECEPTOS DE OTRAS NORMAS/DOCTRINA: SENTENCIAS O RESOLUCIONES DE ÓRGANOS CONSULTIVOS/NOTAS

(13) Nº de repasos/ Fecha programada próximo repaso ampliación contenido	Nº .... Fecha ..../...../...
(14) MODIFICACIONES AL PRECEPTO/DECLARACIÓN DE NULIDAD	
(15) Incorporación a texto y programación arriba	SI/NO

Artículo 9

Tema (1)	
Epígrafe (2)	
Artículos relacionados (3)	

1. Los ciudadanos y los poderes públicos están sujetos a la Constitución y al resto del ordenamiento jurídico.

2. Corresponde a los poderes públicos promover las condiciones para que la libertad y la igualdad del individuo y de los grupos en que se integra sean reales y efectivas; remover los obstáculos que impidan o dificulten su plenitud y facilitar la participación de todos los ciudadanos en la vida política, económica, cultural y social.

3. La Constitución garantiza el principio de legalidad, la jerarquía normativa, la publicidad de las normas, la irretroactividad de las disposiciones sancionadoras no favorables o restrictivas de derechos individuales, la seguridad jurídica, la responsabilidad y la interdicción de la arbitrariedad de los poderes públicos.

(4) Nº de lecturas/ Fecha programada próxima lectura	Nº .... Fecha ..../..../....
(5) PREGUNTAS TRAS LAS LECTURAS	

(5.1.) ¿Cuál es el supuesto de hecho para que se dé la consecuencia jurídica?	(5.2.) ¿Qué consecuencia pasa o sucede si se da el supuesto de hecho?

(6) Nº de contestaciones total a todas las preguntas/ Fecha programada próxima contestación a todas las preguntas	Nº ……….. Fecha …./…./….

(7) ESQUEMA	(9) RESUMEN

(8) Nº de repasos esquema/Fecha programada próximo repaso esquema	Nº ……….. Fecha …./…./….	(10) Nº de repasos resumen/Fecha programada próximo repaso resumen	Nº ……….. Fecha …./…./….

(11) TUS REGLAS NEMOTÉCNICAS	

(12) AMPLIACIÓN DEL CONTENIDO: PRECEPTOS DE ESTA NORMA/PRECEPTOS DE OTRAS NORMAS/DOCTRINA: SENTENCIAS O RESOLUCIONES DE ÓRGANOS CONSULTIVOS/NOTAS	
(13) Nº de repasos/ Fecha programada próximo repaso ampliación contenido	Nº .... Fecha ..../...../...
(14) MODIFICACIONES AL PRECEPTO/DECLARACIÓN DE NULIDAD	
(15) Incorporación a texto y programación arriba	SI/NO

TÍTULO I

De los derechos y deberes fundamentales

Artículo 10

Tema (1)	
Epígrafe (2)	
Artículos relacionados (3)	

1. La dignidad de la persona, los derechos inviolables que le son inherentes, el libre desarrollo de la personalidad, el respeto a la ley y a los derechos de los demás son fundamento del orden político y de la paz social.

2. Las normas relativas a los derechos fundamentales y a las libertades que la Constitución reconoce se interpretarán de conformidad con la Declaración Universal de Derechos Humanos y los tratados y acuerdos internacionales sobre las mismas materias ratificados por España.

(4) Nº de lecturas/ Fecha programada próxima lectura	Nº .... Fecha ..../..../....

(5) PREGUNTAS TRAS LAS LECTURAS

(5.1.) ¿Cuál es el supuesto de hecho para que se dé la consecuencia jurídica?	(5.2.) ¿Qué consecuencia pasa o sucede si se da el supuesto de hecho?

(6) Nº de contestaciones total a todas las preguntas/ Fecha programada próxima contestación a todas las preguntas	Nº .... Fecha ..../..../....

(7) ESQUEMA	(9) RESUMEN

(8) Nº de repasos esquema/Fecha programada próximo repaso esquema	Nº .... Fecha ..../..../....	(10) Nº de repasos resumen/Fecha programada próximo repaso resumen	Nº .... Fecha ..../..../....
(11) TUS REGLAS NEMOTÉCNICAS			

(12) AMPLIACIÓN DEL CONTENIDO: PRECEPTOS DE ESTA NORMA/PRECEPTOS DE OTRAS NORMAS/DOCTRINA: SENTENCIAS O RESOLUCIONES DE ÓRGANOS CONSULTIVOS/NOTAS

(13) Nº de repasos/ Fecha programada próximo repaso ampliación contenido	Nº .... Fecha ..../...../...

(14) MODIFICACIONES AL PRECEPTO/DECLARACIÓN DE NULIDAD

(15) Incorporación a texto y programación arriba	SI/NO

TÍTULO I

De los derechos y deberes fundamentales

CAPÍTULO PRIMERO

De los españoles y los extranjeros

☛ Artículo 11

Tema (1)	
Epígrafe (2)	
Artículos relacionados (3)	

1. La nacionalidad española se adquiere, se conserva y se pierde de acuerdo con lo establecido por la ley.

2. Ningún español de origen podrá ser privado de su nacionalidad.

3. El Estado podrá concertar tratados de doble nacionalidad con los países iberoamericanos o con aquellos que hayan tenido o tengan una particular vinculación con España. En estos mismos países, aun cuando no reconozcan a sus ciudadanos un derecho recíproco, podrán naturalizarse los españoles sin perder su nacionalidad de origen.

(4) Nº de lecturas/ Fecha programada próxima lectura	Nº .... Fecha ..../..../....
(5) PREGUNTAS TRAS LAS LECTURAS	
(5.1.) ¿Cuál es el supuesto de hecho para que se dé la consecuencia jurídica?	(5.2.) ¿Qué consecuencia pasa o sucede si se da el supuesto de hecho?

(6) Nº de contestaciones total a todas las preguntas/ Fecha programada próxima contestación a todas las preguntas	Nº .... Fecha ..../..../....

(7) ESQUEMA	(9) RESUMEN

(8) Nº de repasos esquema/Fecha programada próximo repaso esquema	Nº .... Fecha ..../..../....	(10) Nº de repasos resumen/Fecha programada próximo repaso resumen	Nº .... Fecha ..../..../....
(11) TUS REGLAS NEMOTÉCNICAS			

(12) AMPLIACIÓN DEL CONTENIDO: PRECEPTOS DE ESTA NORMA/PRECEPTOS DE OTRAS NORMAS/DOCTRINA: SENTENCIAS O RESOLUCIONES DE ÓRGANOS CONSULTIVOS/NOTAS

(13) Nº de repasos/ Fecha programada próximo repaso ampliación contenido	Nº .... Fecha ..../...../...
(14) MODIFICACIONES AL PRECEPTO/DECLARACIÓN DE NULIDAD	
(15) Incorporación a texto y programación arriba	SI/NO

☛ Artículo 12

Tema (1)	
Epígrafe (2)	
Artículos relacionados (3)	

Los españoles son mayores de edad a los dieciocho años.

(4) Nº de lecturas/ Fecha programada próxima lectura	Nº .... Fecha ..../..../....
(5) PREGUNTAS TRAS LAS LECTURAS	
(5.1.) ¿Cuál es el supuesto de hecho para que se dé la consecuencia jurídica?	(5.2.) ¿Qué consecuencia pasa o sucede si se da el supuesto de hecho?

(6) Nº de contestaciones total a todas las preguntas/ Fecha programada próxima contestación a todas las preguntas	Nº .... Fecha ..../..../....

(7) ESQUEMA	(9) RESUMEN

(8) Nº de repasos esquema/Fecha programada próximo repaso esquema	Nº .... Fecha ..../..../....	(10) Nº de repasos resumen/Fecha programada próximo repaso resumen	Nº .... Fecha ..../..../....
(11) TUS REGLAS NEMOTÉCNICAS			

(12) AMPLIACIÓN DEL CONTENIDO: PRECEPTOS DE ESTA NORMA/PRECEPTOS DE OTRAS NORMAS/DOCTRINA: SENTENCIAS O RESOLUCIONES DE ÓRGANOS CONSULTIVOS/NOTAS

(13) Nº de repasos/ Fecha programada próximo repaso ampliación contenido	Nº .... Fecha ..../...../...
(14) MODIFICACIONES AL PRECEPTO/DECLARACIÓN DE NULIDAD	
(15) Incorporación a texto y programación arriba	SI/NO

Artículo 13

Tema (1)	
Epígrafe (2)	
Artículos relacionados (3)	

1. Los extranjeros gozarán en España de las libertades públicas que garantiza el presente Título en los términos que establezcan los tratados y la ley.

2. Solamente los españoles serán titulares de los derechos reconocidos en el artículo 23, salvo lo que, atendiendo a criterios de reciprocidad, pueda establecerse por tratado o ley para el derecho de sufragio activo y pasivo en las elecciones municipales.

3. La extradición sólo se concederá en cumplimiento de un tratado o de la ley, atendiendo al principio de reciprocidad. Quedan excluidos de la extradición los delitos políticos, no considerándose como tales los actos de terrorismo.

4. La ley establecerá los términos en que los ciudadanos de otros países y los apátridas podrán gozar del derecho de asilo en España.

(4) Nº de lecturas/ Fecha programada próxima lectura	Nº .... Fecha ..../..../....
(5) PREGUNTAS TRAS LAS LECTURAS	

(5.1.) ¿Cuál es el supuesto de hecho para que se dé la consecuencia jurídica?	(5.2.) ¿Qué consecuencia pasa o sucede si se da el supuesto de hecho?

(6) Nº de contestaciones total a todas las preguntas/ Fecha programada próxima contestación a todas las preguntas	Nº .... Fecha ..../..../....

(7) ESQUEMA	(9) RESUMEN

(8) Nº de repasos esquema/Fecha programada próximo repaso esquema	Nº .... Fecha ..../..../....	(10) Nº de repasos resumen/Fecha programada próximo repaso resumen	Nº .... Fecha ..../..../....

(11) TUS REGLAS NEMOTÉCNICAS	

(12) AMPLIACIÓN DEL CONTENIDO: PRECEPTOS DE ESTA NORMA/PRECEPTOS DE OTRAS NORMAS/DOCTRINA: SENTENCIAS O RESOLUCIONES DE ÓRGANOS CONSULTIVOS/NOTAS	
(13) Nº de repasos/ Fecha programada próximo repaso ampliación contenido	Nº .... Fecha ..../...../...
(14) MODIFICACIONES AL PRECEPTO/DECLARACIÓN DE NULIDAD	
(15) Incorporación a texto y programación arriba	SI/NO

CAPÍTULO SEGUNDO
Derechos y libertades

☛ Artículo 14

Tema (1)	
Epígrafe (2)	
Artículos relacionados (3)	

Los españoles son iguales ante la ley, sin que pueda prevalecer discriminación alguna por razón de nacimiento, raza, sexo, religión, opinión o cualquier otra condición o circunstancia personal o social.

(4) Nº de lecturas/ Fecha programada próxima lectura	Nº .... Fecha ..../..../....
(5) PREGUNTAS TRAS LAS LECTURAS	

(5.1.) ¿Cuál es el supuesto de hecho para que se dé la consecuencia jurídica?	(5.2.) ¿Qué consecuencia pasa o sucede si se da el supuesto de hecho?

(6) Nº de contestaciones total a todas las preguntas/ Fecha programada próxima contestación a todas las preguntas	Nº ……….. Fecha …./…./….

(7) ESQUEMA	(9) RESUMEN

(8) Nº de repasos esquema/Fecha programada próximo repaso esquema	Nº ……….. Fecha …./…./….	(10) Nº de repasos resumen/Fecha programada próximo repaso resumen	Nº ……….. Fecha …./…./….

(11) TUS REGLAS NEMOTÉCNICAS	

(12) AMPLIACIÓN DEL CONTENIDO: PRECEPTOS DE ESTA NORMA/PRECEPTOS DE OTRAS NORMAS/DOCTRINA: SENTENCIAS O RESOLUCIONES DE ÓRGANOS CONSULTIVOS/NOTAS	
(13) Nº de repasos/ Fecha programada próximo repaso ampliación contenido	Nº .... Fecha ..../...../...
(14) MODIFICACIONES AL PRECEPTO/DECLARACIÓN DE NULIDAD	
(15) Incorporación a texto y programación arriba	SI/NO

CAPÍTULO SEGUNDO
Derechos y libertades

Sección 1.ª De los derechos fundamentales y de las libertades públicas

☛ Artículo 15

Tema (1)	
Epígrafe (2)	
Artículos relacionados (3)	

Todos tienen derecho a la vida y a la integridad física y moral, sin que, en ningún caso, puedan ser sometidos a tortura ni a penas o tratos inhumanos o degradantes. Queda abolida la pena de muerte, salvo lo que puedan disponer las leyes penales militares para tiempos de guerra.

(4) Nº de lecturas/ Fecha programada próxima lectura	Nº .... Fecha ..../..../....

(5) PREGUNTAS TRAS LAS LECTURAS	
(5.1.) ¿Cuál es el supuesto de hecho para que se dé la consecuencia jurídica?	(5.2.) ¿Qué consecuencia pasa o sucede si se da el supuesto de hecho?

(6) Nº de contestaciones total a todas las preguntas/ Fecha programada próxima contestación a todas las preguntas	Nº .... Fecha ..../..../....

(7) ESQUEMA	(9) RESUMEN

(8) Nº de repasos esquema/Fecha programada próximo repaso esquema	Nº .... Fecha ..../..../....	(10) Nº de repasos resumen/Fecha programada próximo repaso resumen	Nº .... Fecha ..../..../....

(11) TUS REGLAS NEMOTÉCNICAS	

(12) AMPLIACIÓN DEL CONTENIDO: PRECEPTOS DE ESTA NORMA/PRECEPTOS DE OTRAS NORMAS/DOCTRINA: SENTENCIAS O RESOLUCIONES DE ÓRGANOS CONSULTIVOS/NOTAS

(13) Nº de repasos/ Fecha programada próximo repaso ampliación contenido	Nº .... Fecha ..../...../...

(14) MODIFICACIONES AL PRECEPTO/DECLARACIÓN DE NULIDAD

(15) Incorporación a texto y programación arriba	SI/NO

☛ Artículo 16

Tema (1)	
Epígrafe (2)	
Artículos relacionados (3)	

1. Se garantiza la libertad ideológica, religiosa y de culto de los individuos y las comunidades sin más limitación, en sus manifestaciones, que la necesaria para el mantenimiento del orden público protegido por la ley.

2. Nadie podrá ser obligado a declarar sobre su ideología, religión o creencias.

3. Ninguna confesión tendrá carácter estatal. Los poderes públicos tendrán en cuenta las creencias religiosas de la sociedad española y mantendrán las consiguientes relaciones de cooperación con la Iglesia Católica y las demás confesiones.

<table>
<tr><td colspan="2">(4) Nº de lecturas/ Fecha programada próxima lectura</td><td>Nº ....
Fecha ..../..../....</td></tr>
<tr><td colspan="3">(5) PREGUNTAS TRAS LAS LECTURAS</td></tr>
<tr><td colspan="3"></td></tr>
<tr><td>(5.1.) ¿Cuál es el supuesto de hecho para que se dé la consecuencia jurídica?</td><td colspan="2">(5.2.) ¿Qué consecuencia pasa o sucede si se da el supuesto de hecho?</td></tr>
<tr><td></td><td colspan="2"></td></tr>
<tr><td colspan="2">(6) Nº de contestaciones total a todas las preguntas/
Fecha programada próxima contestación a todas las preguntas</td><td>Nº ....
Fecha ..../..../....</td></tr>
<tr><td>(7) ESQUEMA</td><td colspan="2">(9) RESUMEN</td></tr>
<tr><td></td><td colspan="2"></td></tr>
</table>

<table>
<tr><td>(8) Nº de repasos esquema/Fecha programada próximo repaso esquema</td><td>Nº ....
Fecha ..../..../....</td><td>(10) Nº de repasos resumen/Fecha programada próximo repaso resumen</td><td>Nº ....
Fecha ..../..../....</td></tr>
<tr><td>(11) TUS REGLAS NEMOTÉCNICAS</td><td colspan="3"></td></tr>
<tr><td colspan="4">(12) AMPLIACIÓN DEL CONTENIDO:
PRECEPTOS DE ESTA NORMA/PRECEPTOS DE OTRAS NORMAS/DOCTRINA: SENTENCIAS O RESOLUCIONES DE ÓRGANOS CONSULTIVOS/NOTAS</td></tr>
<tr><td colspan="4"></td></tr>
<tr><td colspan="3">(13) Nº de repasos/ Fecha programada próximo repaso ampliación contenido</td><td>Nº ....
Fecha ..../...../...</td></tr>
<tr><td colspan="4">(14) MODIFICACIONES AL PRECEPTO/DECLARACIÓN DE NULIDAD</td></tr>
<tr><td colspan="4"></td></tr>
<tr><td colspan="3">(15) Incorporación a texto y programación arriba</td><td>SI/NO</td></tr>
</table>

☛ Artículo 17

Tema (1)	
Epígrafe (2)	
Artículos relacionados (3)	

1. Toda persona tiene derecho a la libertad y a la seguridad. Nadie puede ser privado de su libertad, sino con la observancia de lo establecido en este artículo y en los casos y en la forma previstos en la ley.

2. La detención preventiva no podrá durar más del tiempo estrictamente necesario para la realización de las averiguaciones tendentes al esclarecimiento de los hechos, y, en todo caso, en el plazo máximo de setenta y dos horas, el detenido deberá ser puesto en libertad o a disposición de la autoridad judicial.

3. Toda persona detenida debe ser informada de forma inmediata, y de modo que le sea comprensible, de sus derechos y de las razones de su detención, no pudiendo ser obligada a declarar. Se garantiza la asistencia de abogado al detenido en las diligencias policiales y judiciales, en los términos que la ley establezca.

4. La ley regulará un procedimiento de «habeas corpus» para producir la inmediata puesta a disposición judicial de toda persona detenida ilegalmente. Asimismo, por ley se determinará el plazo máximo de duración de la prisión provisional.

(4) Nº de lecturas/ Fecha programada próxima lectura	**Nº ....** **Fecha ..../..../....**
(5) PREGUNTAS TRAS LAS LECTURAS	
(5.1.) ¿Cuál es el supuesto de hecho para que se dé la consecuencia jurídica?	**(5.2.) ¿Qué consecuencia pasa o sucede si se da el supuesto de hecho?**
(6) Nº de contestaciones total a todas las preguntas/ Fecha programada próxima contestación a todas las preguntas	**Nº ....** **Fecha ..../..../....**
(7) ESQUEMA	**(9) RESUMEN**

(8) Nº de repasos esquema/Fecha programada próximo repaso esquema	Nº .... Fecha ..../..../....	(10) Nº de repasos resumen/Fecha programada próximo repaso resumen	Nº .... Fecha ..../..../....
(11) TUS REGLAS NEMOTÉCNICAS			
(12) AMPLIACIÓN DEL CONTENIDO: PRECEPTOS DE ESTA NORMA/PRECEPTOS DE OTRAS NORMAS/DOCTRINA: SENTENCIAS O RESOLUCIONES DE ÓRGANOS CONSULTIVOS/NOTAS			
(13) Nº de repasos/ Fecha programada próximo repaso ampliación contenido			Nº .... Fecha ..../...../...
(14) MODIFICACIONES AL PRECEPTO/DECLARACIÓN DE NULIDAD			
(15) Incorporación a texto y programación arriba			SI/NO

☛ Artículo 18

Tema (1)	
Epígrafe (2)	
Artículos relacionados (3)	

1. Se garantiza el derecho al honor, a la intimidad personal y familiar y a la propia imagen.

2. El domicilio es inviolable. Ninguna entrada o registro podrá hacerse en él sin consentimiento del titular o resolución judicial, salvo en caso de flagrante delito.

3. Se garantiza el secreto de las comunicaciones y, en especial, de las postales, telegráficas y telefónicas, salvo resolución judicial.

4. La ley limitará el uso de la informática para garantizar el honor y la intimidad personal y familiar de los ciudadanos y el pleno ejercicio de sus derechos.

(4) Nº de lecturas/ Fecha programada próxima lectura	Nº ……….. Fecha …./…./….

(5) PREGUNTAS TRAS LAS LECTURAS

(5.1.) ¿Cuál es el supuesto de hecho para que se dé la consecuencia jurídica?	(5.2.) ¿Qué consecuencia pasa o sucede si se da el supuesto de hecho?

(6) Nº de contestaciones total a todas las preguntas/ Fecha programada próxima contestación a todas las preguntas	Nº ……….. Fecha …./…./….

(7) ESQUEMA	(9) RESUMEN

(8) Nº de repasos esquema/Fecha programada próximo repaso esquema	Nº ……….. Fecha …./…./….	(10) Nº de repasos resumen/Fecha programada próximo repaso resumen	Nº ……….. Fecha …./…./….

(11) TUS REGLAS NEMOTÉCNICAS	

(12) AMPLIACIÓN DEL CONTENIDO: PRECEPTOS DE ESTA NORMA/PRECEPTOS DE OTRAS NORMAS/DOCTRINA: SENTENCIAS O RESOLUCIONES DE ORGANOS CONSULTIVOS/NOTAS

(13) Nº de repasos/ Fecha programada próximo repaso ampliación contenido	Nº .... Fecha ..../...../...

(14) MODIFICACIONES AL PRECEPTO/DECLARACIÓN DE NULIDAD

(15) Incorporación a texto y programación arriba	SI/NO

☛ Artículo 19

Tema (1)	
Epígrafe (2)	
Artículos relacionados (3)	

Los españoles tienen derecho a elegir libremente su residencia y a circular por el territorio nacional.

Asimismo, tienen derecho a entrar y salir libremente de España en los términos que la ley establezca. Este derecho no podrá ser limitado por motivos políticos o ideológicos.

(4) Nº de lecturas/ Fecha programada próxima lectura	Nº .... Fecha ..../..../....

(5) PREGUNTAS TRAS LAS LECTURAS	
(5.1.) ¿Cuál es el supuesto de hecho para que se dé la consecuencia jurídica?	(5.2.) ¿Qué consecuencia pasa o sucede si se da el supuesto de hecho?

(6) Nº de contestaciones total a todas las preguntas/ Fecha programada próxima contestación a todas las preguntas	Nº .... Fecha ..../..../....

(7) ESQUEMA	(9) RESUMEN

(8) Nº de repasos esquema/Fecha programada próximo repaso esquema	Nº .... Fecha ..../..../....	(10) Nº de repasos resumen/Fecha programada próximo repaso resumen	Nº .... Fecha ..../..../....
(11) TUS REGLAS NEMOTÉCNICAS			

(12) AMPLIACIÓN DEL CONTENIDO: PRECEPTOS DE ESTA NORMA/PRECEPTOS DE OTRAS NORMAS/DOCTRINA: SENTENCIAS O RESOLUCIONES DE ÓRGANOS CONSULTIVOS/NOTAS

(13) Nº de repasos/ Fecha programada próximo repaso ampliación contenido	Nº .... Fecha ..../...../...

(14) MODIFICACIONES AL PRECEPTO/DECLARACIÓN DE NULIDAD

(15) Incorporación a texto y programación arriba	SI/NO

☛ Artículo 20

Tema (1)	
Epígrafe (2)	
Artículos relacionados (3)	

1. Se reconocen y protegen los derechos:

a) A expresar y difundir libremente los pensamientos, ideas y opiniones mediante la palabra, el escrito o cualquier otro medio de reproducción.

b) A la producción y creación literaria, artística, científica y técnica.

c) A la libertad de cátedra.

d) A comunicar o recibir libremente información veraz por cualquier medio de difusión. La ley regulará el derecho a la cláusula de conciencia y al secreto profesional en el ejercicio de estas libertades.

2. El ejercicio de estos derechos no puede restringirse mediante ningún tipo de censura previa.

3. La ley regulará la organización y el control parlamentario de los medios de comunicación social dependientes del Estado o de cualquier ente público y garantizará el acceso a dichos medios de los grupos sociales y políticos significativos, respetando el pluralismo de la sociedad y de las diversas lenguas de España.

4. Estas libertades tienen su límite en el respeto a los derechos reconocidos en este Título, en los preceptos de las leyes que lo desarrollen y, especialmente, en el derecho al honor, a la intimidad, a la propia imagen y a la protección de la juventud y de la infancia.

5. Sólo podrá acordarse el secuestro de publicaciones, grabaciones y otros medios de información en virtud de resolución judicial.

(4) Nº de lecturas/ Fecha programada próxima lectura	**Nº ....** **Fecha ..../..../....**
(5) PREGUNTAS TRAS LAS LECTURAS	
(5.1.) ¿Cuál es el supuesto de hecho para que se dé la consecuencia jurídica?	**(5.2.) ¿Qué consecuencia pasa o sucede si se da el supuesto de hecho?**

(6) Nº de contestaciones total a todas las preguntas/ Fecha programada próxima contestación a todas las preguntas	Nº .... Fecha ..../..../....

(7) ESQUEMA	(9) RESUMEN

(8) Nº de repasos esquema/Fecha programada próximo repaso esquema	Nº .... Fecha ..../..../....	(10) Nº de repasos resumen/Fecha programada próximo repaso resumen	Nº .... Fecha ..../..../....

(11) TUS REGLAS NEMOTÉCNICAS	

(12) AMPLIACIÓN DEL CONTENIDO:

PRECEPTOS DE ESTA NORMA/PRECEPTOS DE OTRAS NORMAS/DOCTRINA: SENTENCIAS O RESOLUCIONES DE ÓRGANOS CONSULTIVOS/NOTAS

(13) Nº de repasos/ Fecha programada próximo repaso ampliación contenido	Nº .... Fecha ..../...../...

(14) MODIFICACIONES AL PRECEPTO/DECLARACIÓN DE NULIDAD	
(15) Incorporación a texto y programación arriba	SI/NO

☛ Artículo 21

Tema (1)	
Epígrafe (2)	
Artículos relacionados (3)	

1. Se reconoce el derecho de reunión pacífica y sin armas. El ejercicio de este derecho no necesitará autorización previa.

2. En los casos de reuniones en lugares de tránsito público y manifestaciones se dará comunicación previa a la autoridad, que sólo podrá prohibirlas cuando existan razones fundadas de alteración del orden público, con peligro para personas o bienes.

(4) Nº de lecturas/ Fecha programada próxima lectura	Nº .... Fecha ..../..../....
(5) PREGUNTAS TRAS LAS LECTURAS	
(5.1.) ¿Cuál es el supuesto de hecho para que se dé la consecuencia jurídica?	(5.2.) ¿Qué consecuencia pasa o sucede si se da el supuesto de hecho?

<table>
<tr><td colspan="3">(6) Nº de contestaciones total a todas las preguntas/
Fecha programada próxima contestación a todas las preguntas</td><td>Nº ....
Fecha ..../..../....</td></tr>
<tr><td colspan="2">(7) ESQUEMA</td><td colspan="2">(9) RESUMEN</td></tr>
<tr><td colspan="2"></td><td colspan="2"></td></tr>
<tr><td>(8) Nº de repasos esquema/Fecha programada próximo repaso esquema</td><td>Nº ....
Fecha ..../..../....</td><td>(10) Nº de repasos resumen/Fecha programada próximo repaso resumen</td><td>Nº ....
Fecha ..../..../....</td></tr>
<tr><td>(11) TUS REGLAS NEMOTÉCNICAS</td><td colspan="3"></td></tr>
<tr><td colspan="4">(12) AMPLIACIÓN DEL CONTENIDO:
PRECEPTOS DE ESTA NORMA/PRECEPTOS DE OTRAS NORMAS/DOCTRINA: SENTENCIAS O RESOLUCIONES DE ÓRGANOS CONSULTIVOS/NOTAS</td></tr>
<tr><td colspan="4"></td></tr>
</table>

(13) Nº de repasos/ Fecha programada próximo repaso ampliación contenido	Nº .... Fecha ..../...../...
(14) MODIFICACIONES AL PRECEPTO/DECLARACIÓN DE NULIDAD	
(15) Incorporación a texto y programación arriba	SI/NO

☛ Artículo 22

Tema (1)	
Epígrafe (2)	
Artículos relacionados (3)	

1. Se reconoce el derecho de asociación.

2. Las asociaciones que persigan fines o utilicen medios tipificados como delito son ilegales.

3. Las asociaciones constituidas al amparo de este artículo deberán inscribirse en un registro a los solos efectos de publicidad.

4. Las asociaciones sólo podrán ser disueltas o suspendidas en sus actividades en virtud de resolución judicial motivada.

5. Se prohíben las asociaciones secretas y las de carácter paramilitar.

(4) Nº de lecturas/ Fecha programada próxima lectura	Nº .... Fecha ..../..../....
(5) PREGUNTAS TRAS LAS LECTURAS	

(5.1.) ¿Cuál es el supuesto de hecho para que se dé la consecuencia jurídica?	(5.2.) ¿Qué consecuencia pasa o sucede si se da el supuesto de hecho?

(6) Nº de contestaciones total a todas las preguntas/ Fecha programada próxima contestación a todas las preguntas	Nº ……….. Fecha …./…./….

(7) ESQUEMA	(9) RESUMEN

(8) Nº de repasos esquema/Fecha programada próximo repaso esquema	Nº ……….. Fecha …./…./….	(10) Nº de repasos resumen/Fecha programada próximo repaso resumen	Nº ……….. Fecha …./…./….

(11) TUS REGLAS NEMOTÉCNICAS	

(12) AMPLIACIÓN DEL CONTENIDO: PRECEPTOS DE ESTA NORMA/PRECEPTOS DE OTRAS NORMAS/DOCTRINA: SENTENCIAS O RESOLUCIONES DE ÓRGANOS CONSULTIVOS/NOTAS	
(13) Nº de repasos/ Fecha programada próximo repaso ampliación contenido	Nº .... Fecha ..../...../...
(14) MODIFICACIONES AL PRECEPTO/DECLARACIÓN DE NULIDAD	
(15) Incorporación a texto y programación arriba	SI/NO

Artículo 23

Tema (1)	
Epígrafe (2)	
Artículos relacionados (3)	

1. Los ciudadanos tienen el derecho a participar en los asuntos públicos, directamente o por medio de representantes, libremente elegidos en elecciones periódicas por sufragio universal.

2. Asimismo, tienen derecho a acceder en condiciones de igualdad a las funciones y cargos públicos, con los requisitos que señalen las leyes.

(4) Nº de lecturas/ Fecha programada próxima lectura	Nº .... Fecha ..../..../....
(5) PREGUNTAS TRAS LAS LECTURAS	

(5.1.) ¿Cuál es el supuesto de hecho para que se dé la consecuencia jurídica?	(5.2.) ¿Qué consecuencia pasa o sucede si se da el supuesto de hecho?

(6) Nº de contestaciones total a todas las preguntas/ Fecha programada próxima contestación a todas las preguntas	Nº ……….. Fecha …./…./….

(7) ESQUEMA	(9) RESUMEN

(8) Nº de repasos esquema/Fecha programada próximo repaso esquema	Nº ……….. Fecha …./…./….	(10) Nº de repasos resumen/Fecha programada próximo repaso resumen	Nº ……….. Fecha …./…./….

(11) TUS REGLAS NEMOTÉCNICAS	

(12) AMPLIACIÓN DEL CONTENIDO: PRECEPTOS DE ESTA NORMA/PRECEPTOS DE OTRAS NORMAS/DOCTRINA: SENTENCIAS O RESOLUCIONES DE ÓRGANOS CONSULTIVOS/NOTAS	
(13) Nº de repasos/ Fecha programada próximo repaso ampliación contenido	Nº .... Fecha ..../...../...
(14) MODIFICACIONES AL PRECEPTO/DECLARACIÓN DE NULIDAD	
(15) Incorporación a texto y programación arriba	SI/NO

Artículo 24

Tema (1)	
Epígrafe (2)	
Artículos relacionados (3)	

1. Todas las personas tienen derecho a obtener la tutela efectiva de los jueces y tribunales en el ejercicio de sus derechos e intereses legítimos, sin que, en ningún caso, pueda producirse indefensión.

2. Asimismo, todos tienen derecho al Juez ordinario predeterminado por la ley, a la defensa y a la asistencia de letrado, a ser informados de la acusación formulada contra ellos, a un proceso público sin dilaciones indebidas y con todas las garantías, a utilizar los medios de prueba pertinentes para su defensa, a no declarar contra sí mismos, a no confesarse culpables y a la presunción de inocencia.

La ley regulará los casos en que, por razón de parentesco o de secreto profesional, no se estará obligado a declarar sobre hechos presuntamente delictivos.

<table>
<tr><td colspan="2">(4) Nº de lecturas/ Fecha programada próxima lectura</td><td>Nº ....
Fecha ..../..../....</td></tr>
<tr><td colspan="3">(5) PREGUNTAS TRAS LAS LECTURAS</td></tr>
<tr><td colspan="3"></td></tr>
<tr><td>(5.1.) ¿Cuál es el supuesto de hecho para que se dé la consecuencia jurídica?</td><td colspan="2">(5.2.) ¿Qué consecuencia pasa o sucede si se da el supuesto de hecho?</td></tr>
<tr><td></td><td colspan="2"></td></tr>
<tr><td colspan="2">(6) Nº de contestaciones total a todas las preguntas/
Fecha programada próxima contestación a todas las preguntas</td><td>Nº ....
Fecha ..../..../....</td></tr>
<tr><td>(7) ESQUEMA</td><td colspan="2">(9) RESUMEN</td></tr>
<tr><td></td><td colspan="2"></td></tr>
</table>

(8) Nº de repasos esquema/Fecha programada próximo repaso esquema	Nº .... Fecha ..../..../....	(10) Nº de repasos resumen/Fecha programada próximo repaso resumen	Nº .... Fecha ..../..../....
(11) TUS REGLAS NEMOTÉCNICAS			
(12) AMPLIACIÓN DEL CONTENIDO: PRECEPTOS DE ESTA NORMA/PRECEPTOS DE OTRAS NORMAS/DOCTRINA: SENTENCIAS O RESOLUCIONES DE ÓRGANOS CONSULTIVOS/NOTAS			
(13) Nº de repasos/ Fecha programada próximo repaso ampliación contenido			Nº .... Fecha ..../...../...
(14) MODIFICACIONES AL PRECEPTO/DECLARACIÓN DE NULIDAD			
(15) Incorporación a texto y programación arriba			SI/NO

☛ Artículo 25

Tema (1)	
Epígrafe (2)	
Artículos relacionados (3)	

1. Nadie puede ser condenado o sancionado por acciones u omisiones que en el momento de producirse no constituyan delito, falta o infracción administrativa, según la legislación vigente en aquel momento.

2. Las penas privativas de libertad y las medidas de seguridad estarán orientadas hacia la reeducación y reinserción social y no podrán consistir en trabajos forzados. El condenado a pena de prisión que estuviere cumpliendo la misma gozará de los derechos fundamentales de este Capítulo,

a excepción de los que se vean expresamente limitados por el contenido del fallo condenatorio, el sentido de la pena y la ley penitenciaria. En todo caso, tendrá derecho a un trabajo remunerado y a los beneficios correspondientes de la Seguridad Social, así como al acceso a la cultura y al desarrollo integral de su personalidad.

3. La Administración civil no podrá imponer sanciones que, directa o subsidiariamente, impliquen privación de libertad.

<table>
<tr><td colspan="2">(4) Nº de lecturas/ Fecha programada próxima lectura</td><td>Nº ....
Fecha ..../..../....</td></tr>
<tr><td colspan="3">(5) PREGUNTAS TRAS LAS LECTURAS</td></tr>
<tr><td colspan="3"></td></tr>
<tr><td>(5.1.) ¿Cuál es el supuesto de hecho para que se dé la consecuencia jurídica?</td><td colspan="2">(5.2.) ¿Qué consecuencia pasa o sucede si se da el supuesto de hecho?</td></tr>
<tr><td></td><td colspan="2"></td></tr>
<tr><td colspan="2">(6) Nº de contestaciones total a todas las preguntas/
Fecha programada próxima contestación a todas las preguntas</td><td>Nº ....
Fecha ..../..../....</td></tr>
<tr><td>(7) ESQUEMA</td><td colspan="2">(9) RESUMEN</td></tr>
<tr><td></td><td colspan="2"></td></tr>
</table>

(8) Nº de repasos esquema/Fecha programada próximo repaso esquema	Nº .... Fecha ..../..../....	(10) Nº de repasos resumen/Fecha programada próximo repaso resumen	Nº .... Fecha ..../..../....
(11) TUS REGLAS NEMOTÉCNICAS			
(12) AMPLIACIÓN DEL CONTENIDO: PRECEPTOS DE ESTA NORMA/PRECEPTOS DE OTRAS NORMAS/DOCTRINA: SENTENCIAS O RESOLUCIONES DE ÓRGANOS CONSULTIVOS/NOTAS			
(13) Nº de repasos/ Fecha programada próximo repaso ampliación contenido			Nº .... Fecha ..../...../...
(14) MODIFICACIONES AL PRECEPTO/DECLARACIÓN DE NULIDAD			
(15) Incorporación a texto y programación arriba			SI/NO

☛ Artículo 26

Tema (1)	
Epígrafe (2)	
Artículos relacionados (3)	

Se prohíben los Tribunales de Honor en el ámbito de la Administración civil y de las organizaciones profesionales.

(4) Nº de lecturas/ Fecha programada próxima lectura

Nº ....

Fecha ..../..../....

(5) PREGUNTAS TRAS LAS LECTURAS

(5.1.) ¿Cuál es el supuesto de hecho para que se dé la consecuencia jurídica?

(5.2.) ¿Qué consecuencia pasa o sucede si se da el supuesto de hecho?

(6) Nº de contestaciones total a todas las preguntas/ Fecha programada próxima contestación a todas las preguntas

Nº ....

Fecha ..../..../....

(7) ESQUEMA

(9) RESUMEN

(8) Nº de repasos esquema/Fecha programada próximo repaso esquema	Nº .... Fecha ..../..../....	(10) Nº de repasos resumen/Fecha programada próximo repaso resumen	Nº .... Fecha ..../..../....
(11) TUS REGLAS NEMOTÉCNICAS			

(12) AMPLIACIÓN DEL CONTENIDO: PRECEPTOS DE ESTA NORMA/PRECEPTOS DE OTRAS NORMAS/DOCTRINA: SENTENCIAS O RESOLUCIONES DE ÓRGANOS CONSULTIVOS/NOTAS	
(13) Nº de repasos/ Fecha programada próximo repaso ampliación contenido	Nº .... Fecha ..../...../...
(14) MODIFICACIONES AL PRECEPTO/DECLARACIÓN DE NULIDAD	
(15) Incorporación a texto y programación arriba	SI/NO

☛ Artículo 27

Tema (1)	
Epígrafe (2)	
Artículos relacionados (3)	

1. Todos tienen el derecho a la educación. Se reconoce la libertad de enseñanza.

2. La educación tendrá por objeto el pleno desarrollo de la personalidad humana en el respeto a los principios democráticos de convivencia y a los derechos y libertades fundamentales.

3. Los poderes públicos garantizan el derecho que asiste a los padres para que sus hijos reciban la formación religiosa y moral que esté de acuerdo con sus propias convicciones.

4. La enseñanza básica es obligatoria y gratuita.

5. Los poderes públicos garantizan el derecho de todos a la educación, mediante una programación general de la enseñanza, con participación efectiva de todos los sectores afectados y la creación de centros docentes.

6. Se reconoce a las personas físicas y jurídicas la libertad de creación de centros docentes, dentro del respeto a los principios constitucionales.

7. Los profesores, los padres y, en su caso, los alumnos intervendrán en el control y gestión de todos los centros sostenidos por la Administración con fondos públicos, en los términos que la ley establezca.

8. Los poderes públicos inspeccionarán y homologarán el sistema educativo para garantizar el cumplimiento de las leyes.

9. Los poderes públicos ayudarán a los centros docentes que reúnan los requisitos que la ley establezca.

10. Se reconoce la autonomía de las Universidades, en los términos que la ley establezca.

(4) Nº de lecturas/ Fecha programada próxima lectura	**Nº ....** **Fecha ..../..../....**
(5) PREGUNTAS TRAS LAS LECTURAS	
(5.1.) ¿Cuál es el supuesto de hecho para que se dé la consecuencia jurídica?	**(5.2.) ¿Qué consecuencia pasa o sucede si se da el supuesto de hecho?**
(6) Nº de contestaciones total a todas las preguntas/ Fecha programada próxima contestación a todas las preguntas	**Nº ....** **Fecha ..../..../....**

<table>
<tr><th colspan="2">(7) ESQUEMA</th><th colspan="2">(9) RESUMEN</th></tr>
<tr><td colspan="2"></td><td colspan="2"></td></tr>
<tr><td>(8) Nº de repasos esquema/Fecha programada próximo repaso esquema</td><td>Nº ....
Fecha ..../..../....</td><td>(10) Nº de repasos resumen/Fecha programada próximo repaso resumen</td><td>Nº ....
Fecha ..../..../....</td></tr>
<tr><td>(11) TUS REGLAS NEMOTÉCNICAS</td><td colspan="3"></td></tr>
<tr><td colspan="4">(12) AMPLIACIÓN DEL CONTENIDO:
PRECEPTOS DE ESTA NORMA/PRECEPTOS DE OTRAS NORMAS/DOCTRINA: SENTENCIAS O RESOLUCIONES DE ÓRGANOS CONSULTIVOS/NOTAS</td></tr>
<tr><td colspan="4"></td></tr>
<tr><td colspan="3">(13) Nº de repasos/ Fecha programada próximo repaso ampliación contenido</td><td>Nº ....
Fecha ..../...../...</td></tr>
</table>

(14) MODIFICACIONES AL PRECEPTO/DECLARACIÓN DE NULIDAD	
(15) Incorporación a texto y programación arriba	SI/NO

☛ Artículo 28

Tema (1)	
Epígrafe (2)	
Artículos relacionados (3)	

1. Todos tienen derecho a sindicarse libremente. La ley podrá limitar o exceptuar el ejercicio de este derecho a las Fuerzas o Institutos armados o a los demás Cuerpos sometidos a disciplina militar y regulará las peculiaridades de su ejercicio para los funcionarios públicos. La libertad sindical comprende el derecho a fundar sindicatos y a afiliarse al de su elección, así como el derecho de los sindicatos a formar confederaciones y a fundar organizaciones sindicales internacionales o a afiliarse a las mismas. Nadie podrá ser obligado a afiliarse a un sindicato.

2. Se reconoce el derecho a la huelga de los trabajadores para la defensa de sus intereses. La ley que regule el ejercicio de este derecho establecerá las garantías precisas para asegurar el mantenimiento de los servicios esenciales de la comunidad.

(4) Nº de lecturas/ Fecha programada próxima lectura	Nº .... Fecha ..../..../....
(5) PREGUNTAS TRAS LAS LECTURAS	
(5.1.) ¿Cuál es el supuesto de hecho para que se dé la consecuencia jurídica?	(5.2.) ¿Qué consecuencia pasa o sucede si se da el supuesto de hecho?

(6) Nº de contestaciones total a todas las preguntas/ Fecha programada próxima contestación a todas las preguntas	Nº .... Fecha ..../..../....

(7) ESQUEMA	(9) RESUMEN

(8) Nº de repasos esquema/Fecha programada próximo repaso esquema	Nº .... Fecha ..../..../....	(10) Nº de repasos resumen/Fecha programada próximo repaso resumen	Nº .... Fecha ..../..../....

(11) TUS REGLAS NEMOTÉCNICAS	

(12) AMPLIACIÓN DEL CONTENIDO: PRECEPTOS DE ESTA NORMA/PRECEPTOS DE OTRAS NORMAS/DOCTRINA: SENTENCIAS O RESOLUCIONES DE ÓRGANOS CONSULTIVOS/NOTAS

(13) Nº de repasos/ Fecha programada próximo repaso ampliación contenido	Nº .... Fecha ..../...../...
(14) MODIFICACIONES AL PRECEPTO/DECLARACIÓN DE NULIDAD	
(15) Incorporación a texto y programación arriba	SI/NO

Artículo 29

Tema (1)	
Epígrafe (2)	
Artículos relacionados (3)	

1. Todos los españoles tendrán el derecho de petición individual y colectiva, por escrito, en la forma y con los efectos que determine la ley.

2. Los miembros de las Fuerzas o Institutos armados o de los Cuerpos sometidos a disciplina militar podrán ejercer este derecho sólo individualmente y con arreglo a lo dispuesto en su legislación específica.

(4) Nº de lecturas/ Fecha programada próxima lectura	Nº .... Fecha ..../..../....
(5) PREGUNTAS TRAS LAS LECTURAS	
(5.1.) ¿Cuál es el supuesto de hecho para que se dé la consecuencia jurídica?	(5.2.) ¿Qué consecuencia pasa o sucede si se da el supuesto de hecho?

(6) Nº de contestaciones total a todas las preguntas/ Fecha programada próxima contestación a todas las preguntas	Nº .... Fecha ..../..../....

(7) ESQUEMA	(9) RESUMEN

(8) Nº de repasos esquema/Fecha programada próximo repaso esquema	Nº .... Fecha ..../..../....	(10) Nº de repasos resumen/Fecha programada próximo repaso resumen	Nº .... Fecha ..../..../....
(11) TUS REGLAS NEMOTÉCNICAS			

(12) AMPLIACIÓN DEL CONTENIDO:

PRECEPTOS DE ESTA NORMA/PRECEPTOS DE OTRAS NORMAS/DOCTRINA: SENTENCIAS O RESOLUCIONES DE ÓRGANOS CONSULTIVOS/NOTAS

(13) Nº de repasos/ Fecha programada próximo repaso ampliación contenido	Nº .... Fecha ..../...../...
(14) MODIFICACIONES AL PRECEPTO/DECLARACIÓN DE NULIDAD	
(15) Incorporación a texto y programación arriba	SI/NO

CAPÍTULO SEGUNDO

Derechos y libertades

Sección 2.ª De los derechos y deberes de los ciudadanos

Artículo 30

Tema (1)	
Epígrafe (2)	
Artículos relacionados (3)	

1. Los españoles tienen el derecho y el deber de defender a España.

2. La ley fijará las obligaciones militares de los españoles y regulará, con las debidas garantías, la objeción de conciencia, así como las demás causas de exención del servicio militar obligatorio, pudiendo imponer, en su caso, una prestación social sustitutoria.

3. Podrá establecerse un servicio civil para el cumplimiento de fines de interés general.

4. Mediante ley podrán regularse los deberes de los ciudadanos en los casos de grave riesgo, catástrofe o calamidad pública.

(4) Nº de lecturas/ Fecha programada próxima lectura	Nº .... Fecha ..../..../....

(5) PREGUNTAS TRAS LAS LECTURAS

(5.1.) ¿Cuál es el supuesto de hecho para que se dé la consecuencia jurídica?	(5.2.) ¿Qué consecuencia pasa o sucede si se da el supuesto de hecho?

(6) Nº de contestaciones total a todas las preguntas/ Fecha programada próxima contestación a todas las preguntas	Nº .... Fecha ..../..../....

(7) ESQUEMA	(9) RESUMEN

(8) Nº de repasos esquema/Fecha programada próximo repaso esquema	Nº .... Fecha ..../..../....	(10) Nº de repasos resumen/Fecha programada próximo repaso resumen	Nº .... Fecha ..../..../....
(11) TUS REGLAS NEMOTÉCNICAS			
(12) AMPLIACIÓN DEL CONTENIDO: PRECEPTOS DE ESTA NORMA/PRECEPTOS DE OTRAS NORMAS/DOCTRINA: SENTENCIAS O RESOLUCIONES DE ÓRGANOS CONSULTIVOS/NOTAS			
(13) Nº de repasos/ Fecha programada próximo repaso ampliación contenido			Nº .... Fecha ..../...../...
(14) MODIFICACIONES AL PRECEPTO/DECLARACIÓN DE NULIDAD			
(15) Incorporación a texto y programación arriba			SI/NO

☛ Artículo 31

Tema (1)	
Epígrafe (2)	
Artículos relacionados (3)	

1. Todos contribuirán al sostenimiento de los gastos públicos de acuerdo con su capacidad económica mediante un sistema tributario justo inspirado en los principios de igualdad y progresividad que, en ningún caso, tendrá alcance confiscatorio.

2. El gasto público realizará una asignación equitativa de los recursos públicos, y su programación y ejecución responderán a los criterios de eficiencia y economía.

3. Sólo podrán establecerse prestaciones personales o patrimoniales de carácter público con arreglo a la ley.

(4) Nº de lecturas/ Fecha programada próxima lectura	Nº .... Fecha ..../..../....

(5) PREGUNTAS TRAS LAS LECTURAS

(5.1.) ¿Cuál es el supuesto de hecho para que se dé la consecuencia jurídica?	(5.2.) ¿Qué consecuencia pasa o sucede si se da el supuesto de hecho?

(6) Nº de contestaciones total a todas las preguntas/ Fecha programada próxima contestación a todas las preguntas	Nº .... Fecha ..../..../....

(7) ESQUEMA	(9) RESUMEN

(8) Nº de repasos esquema/Fecha programada próximo repaso esquema	Nº ……….. Fecha …./…./….	(10) Nº de repasos resumen/Fecha programada próximo repaso resumen	Nº ……….. Fecha …./…./….
(11) TUS REGLAS NEMOTÉCNICAS			

(12) AMPLIACIÓN DEL CONTENIDO: PRECEPTOS DE ESTA NORMA/PRECEPTOS DE OTRAS NORMAS/DOCTRINA: SENTENCIAS O RESOLUCIONES DE ÓRGANOS CONSULTIVOS/NOTAS

(13) Nº de repasos/ Fecha programada próximo repaso ampliación contenido	Nº ……….. Fecha …./…../…
(14) MODIFICACIONES AL PRECEPTO/DECLARACIÓN DE NULIDAD	
(15) Incorporación a texto y programación arriba	SI/NO

☛ Artículo 32

Tema (1)	
Epígrafe (2)	
Artículos relacionados (3)	

1. El hombre y la mujer tienen derecho a contraer matrimonio con plena igualdad jurídica.

2. La ley regulará las formas de matrimonio, la edad y capacidad para contraerlo, los derechos y deberes de los cónyuges, las causas de separación y disolución y sus efectos.

(4) Nº de lecturas/ Fecha programada próxima lectura	Nº .... Fecha ..../..../....

(5) PREGUNTAS TRAS LAS LECTURAS

(5.1.) ¿Cuál es el supuesto de hecho para que se dé la consecuencia jurídica?	(5.2.) ¿Qué consecuencia pasa o sucede si se da el supuesto de hecho?

(6) Nº de contestaciones total a todas las preguntas/ Fecha programada próxima contestación a todas las preguntas	Nº .... Fecha ..../..../....

(7) ESQUEMA	(9) RESUMEN

(8) Nº de repasos esquema/Fecha programada próximo repaso esquema	Nº .... Fecha ..../..../....	(10) Nº de repasos resumen/Fecha programada próximo repaso resumen	Nº .... Fecha ..../..../....
(11) TUS REGLAS NEMOTÉCNICAS			

(12) AMPLIACIÓN DEL CONTENIDO: PRECEPTOS DE ESTA NORMA/PRECEPTOS DE OTRAS NORMAS/DOCTRINA: SENTENCIAS O RESOLUCIONES DE ÓRGANOS CONSULTIVOS/NOTAS

(13) Nº de repasos/ Fecha programada próximo repaso ampliación contenido	Nº .... Fecha ..../...../...
(14) MODIFICACIONES AL PRECEPTO/DECLARACIÓN DE NULIDAD	
(15) Incorporación a texto y programación arriba	SI/NO

☛ Artículo 33

Tema (1)	
Epígrafe (2)	
Artículos relacionados (3)	

1. Se reconoce el derecho a la propiedad privada y a la herencia.

2. La función social de estos derechos delimitará su contenido, de acuerdo con las leyes.

3. Nadie podrá ser privado de sus bienes y derechos sino por causa justificada de utilidad pública o interés social, mediante la correspondiente indemnización y de conformidad con lo dispuesto por las leyes.

(4) Nº de lecturas/ Fecha programada próxima lectura	Nº .... Fecha ..../..../....

(5) PREGUNTAS TRAS LAS LECTURAS

(5.1.) ¿Cuál es el supuesto de hecho para que se dé la consecuencia jurídica?	(5.2.) ¿Qué consecuencia pasa o sucede si se da el supuesto de hecho?

(6) Nº de contestaciones total a todas las preguntas/ Fecha programada próxima contestación a todas las preguntas	Nº .... Fecha ..../..../....

(7) ESQUEMA	(9) RESUMEN

(8) Nº de repasos esquema/Fecha programada próximo repaso esquema	Nº .... Fecha ..../..../....	(10) Nº de repasos resumen/Fecha programada próximo repaso resumen	Nº .... Fecha ..../..../....
(11) TUS REGLAS NEMOTÉCNICAS			

(12) AMPLIACIÓN DEL CONTENIDO: PRECEPTOS DE ESTA NORMA/PRECEPTOS DE OTRAS NORMAS/DOCTRINA: SENTENCIAS O RESOLUCIONES DE ÓRGANOS CONSULTIVOS/NOTAS

(13) Nº de repasos/ Fecha programada próximo repaso ampliación contenido	Nº .... Fecha ..../..../...
(14) MODIFICACIONES AL PRECEPTO/DECLARACIÓN DE NULIDAD	
(15) Incorporación a texto y programación arriba	SI/NO

☛ Artículo 34

Tema (1)	
Epígrafe (2)	
Artículos relacionados (3)	

1. Se reconoce el derecho de fundación para fines de interés general, con arreglo a la ley.
2. Regirá también para las fundaciones lo dispuesto en los apartados 2 y 4 del artículo 22.

(4) Nº de lecturas/ Fecha programada próxima lectura	Nº .... Fecha ..../..../....

<table>
<tr><th colspan="4">(5) PREGUNTAS TRAS LAS LECTURAS</th></tr>
<tr><td colspan="4"></td></tr>
<tr><td colspan="2">(5.1.) ¿Cuál es el supuesto de hecho para que se dé la consecuencia jurídica?</td><td colspan="2">(5.2.) ¿Qué consecuencia pasa o sucede si se da el supuesto de hecho?</td></tr>
<tr><td colspan="2"></td><td colspan="2"></td></tr>
<tr><td colspan="3">(6) Nº de contestaciones total a todas las preguntas/
Fecha programada próxima contestación a todas las preguntas</td><td>Nº ....
Fecha ..../..../....</td></tr>
<tr><th colspan="2">(7) ESQUEMA</th><th colspan="2">(9) RESUMEN</th></tr>
<tr><td colspan="2"></td><td colspan="2"></td></tr>
<tr><td>(8) Nº de repasos esquema/Fecha programada próximo repaso esquema</td><td>Nº ....
Fecha ..../..../....</td><td>(10) Nº de repasos resumen/Fecha programada próximo repaso resumen</td><td>Nº ....
Fecha ..../..../....</td></tr>
</table>

(11) TUS REGLAS NEMOTÉCNICAS	
(12) AMPLIACIÓN DEL CONTENIDO: PRECEPTOS DE ESTA NORMA/PRECEPTOS DE OTRAS NORMAS/DOCTRINA: SENTENCIAS O RESOLUCIONES DE ÓRGANOS CONSULTIVOS/NOTAS	
(13) Nº de repasos/ Fecha programada próximo repaso ampliación contenido	Nº .... Fecha ..../...../...
(14) MODIFICACIONES AL PRECEPTO/DECLARACIÓN DE NULIDAD	
(15) Incorporación a texto y programación arriba	SI/NO

☛ Artículo 35

Tema (1)	
Epígrafe (2)	
Artículos relacionados (3)	

1. Todos los españoles tienen el deber de trabajar y el derecho al trabajo, a la libre elección de profesión u oficio, a la promoción a través del trabajo y a una remuneración suficiente para satisfacer sus necesidades y las de su familia, sin que en ningún caso pueda hacerse discriminación por razón de sexo.

2. La ley regulará un estatuto de los trabajadores.

(4) Nº de lecturas/ Fecha programada próxima lectura	Nº .... Fecha ..../..../....

(5) PREGUNTAS TRAS LAS LECTURAS	
(5.1.) ¿Cuál es el supuesto de hecho para que se dé la consecuencia jurídica?	(5.2.) ¿Qué consecuencia pasa o sucede si se da el supuesto de hecho?

(6) Nº de contestaciones total a todas las preguntas/ Fecha programada próxima contestación a todas las preguntas	Nº ………. Fecha …./…./….

(7) ESQUEMA	(9) RESUMEN

(8) Nº de repasos esquema/Fecha programada próximo repaso esquema	Nº ………. Fecha …./…./….	(10) Nº de repasos resumen/Fecha programada próximo repaso resumen	Nº ………. Fecha …./…./….

(11) TUS REGLAS NEMOTÉCNICAS	

(12) AMPLIACIÓN DEL CONTENIDO: PRECEPTOS DE ESTA NORMA/PRECEPTOS DE OTRAS NORMAS/DOCTRINA: SENTENCIAS O RESOLUCIONES DE ÓRGANOS CONSULTIVOS/NOTAS

(13) Nº de repasos/ Fecha programada próximo repaso ampliación contenido	Nº .... Fecha ..../...../...

(14) MODIFICACIONES AL PRECEPTO/DECLARACIÓN DE NULIDAD

(15) Incorporación a texto y programación arriba	SI/NO

☛ Artículo 36

Tema (1)	
Epígrafe (2)	
Artículos relacionados (3)	

La ley regulará las peculiaridades propias del régimen jurídico de los Colegios Profesionales y el ejercicio de las profesiones tituladas. La estructura interna y el funcionamiento de los Colegios deberán ser democráticos.

(4) Nº de lecturas/ Fecha programada próxima lectura	Nº .... Fecha ..../..../....

(5) PREGUNTAS TRAS LAS LECTURAS

(5.1.) ¿Cuál es el supuesto de hecho para que se dé la consecuencia jurídica?	(5.2.) ¿Qué consecuencia pasa o sucede si se da el supuesto de hecho?

(6) Nº de contestaciones total a todas las preguntas/ Fecha programada próxima contestación a todas las preguntas	Nº .... Fecha ..../…./….

(7) ESQUEMA	(9) RESUMEN

(8) Nº de repasos esquema/Fecha programada próximo repaso esquema	Nº .... Fecha ..../…./….	(10) Nº de repasos resumen/Fecha programada próximo repaso resumen	Nº .... Fecha ..../…./….

(11) TUS REGLAS NEMOTÉCNICAS	

(12) AMPLIACIÓN DEL CONTENIDO: PRECEPTOS DE ESTA NORMA/PRECEPTOS DE OTRAS NORMAS/DOCTRINA: SENTENCIAS O RESOLUCIONES DE ÓRGANOS CONSULTIVOS/NOTAS

(13) Nº de repasos/ Fecha programada próximo repaso ampliación contenido	Nº .... Fecha ..../...../...

(14) MODIFICACIONES AL PRECEPTO/DECLARACIÓN DE NULIDAD

(15) Incorporación a texto y programación arriba	SI/NO

☛ Artículo 37

Tema (1)	
Epígrafe (2)	
Artículos relacionados (3)	

1. La ley garantizará el derecho a la negociación colectiva laboral entre los representantes de los trabajadores y empresarios, así como la fuerza vinculante de los convenios.

2. Se reconoce el derecho de los trabajadores y empresarios a adoptar medidas de conflicto colectivo. La ley que regule el ejercicio de este derecho, sin perjuicio de las limitaciones que puedan establecer, incluirá las garantías precisas para asegurar el funcionamiento de los servicios esenciales de la comunidad.

(4) Nº de lecturas/ Fecha programada próxima lectura	Nº .... Fecha ..../..../....

(5) PREGUNTAS TRAS LAS LECTURAS

(5.1.) ¿Cuál es el supuesto de hecho para que se dé la consecuencia jurídica?	(5.2.) ¿Qué consecuencia pasa o sucede si se da el supuesto de hecho?

(6) Nº de contestaciones total a todas las preguntas/ Fecha programada próxima contestación a todas las preguntas	Nº .... Fecha ..../..../....

(7) ESQUEMA	(9) RESUMEN

(8) Nº de repasos esquema/Fecha programada próximo repaso esquema	Nº .... Fecha ..../..../....	(10) Nº de repasos resumen/Fecha programada próximo repaso resumen	Nº .... Fecha ..../..../....

(11) TUS REGLAS NEMOTÉCNICAS	

(12) AMPLIACIÓN DEL CONTENIDO: PRECEPTOS DE ESTA NORMA/PRECEPTOS DE OTRAS NORMAS/DOCTRINA: SENTENCIAS O RESOLUCIONES DE ÓRGANOS CONSULTIVOS/NOTAS

(13) Nº de repasos/ Fecha programada próximo repaso ampliación contenido	Nº .... Fecha ..../...../...
(14) MODIFICACIONES AL PRECEPTO/DECLARACIÓN DE NULIDAD	
(15) Incorporación a texto y programación arriba	SI/NO

☛ Artículo 38

Tema (1)	
Epígrafe (2)	
Artículos relacionados (3)	

Se reconoce la libertad de empresa en el marco de la economía de mercado. Los poderes públicos garantizan y protegen su ejercicio y la defensa de la productividad, de acuerdo con las exigencias de la economía general y, en su caso, de la planificación.

(4) Nº de lecturas/ Fecha programada próxima lectura	Nº .... Fecha ..../..../....
(5) PREGUNTAS TRAS LAS LECTURAS	

(5.1.) ¿Cuál es el supuesto de hecho para que se dé la consecuencia jurídica?	(5.2.) ¿Qué consecuencia pasa o sucede si se da el supuesto de hecho?

(6) Nº de contestaciones total a todas las preguntas/ Fecha programada próxima contestación a todas las preguntas	Nº .... Fecha ..../..../....

(7) ESQUEMA	(9) RESUMEN

(8) Nº de repasos esquema/Fecha programada próximo repaso esquema	Nº .... Fecha ..../..../....	(10) Nº de repasos resumen/Fecha programada próximo repaso resumen	Nº .... Fecha ..../..../....

(11) TUS REGLAS NEMOTÉCNICAS	

(12) AMPLIACIÓN DEL CONTENIDO: PRECEPTOS DE ESTA NORMA/PRECEPTOS DE OTRAS NORMAS/DOCTRINA: SENTENCIAS O RESOLUCIONES DE ÓRGANOS CONSULTIVOS/NOTAS	
(13) Nº de repasos/ Fecha programada próximo repaso ampliación contenido	Nº .... Fecha ..../...../...
(14) MODIFICACIONES AL PRECEPTO/DECLARACIÓN DE NULIDAD	
(15) Incorporación a texto y programación arriba	SI/NO

CAPÍTULO TERCERO

De los principios rectores de la política social y económica

☛ Artículo 39

Tema (1)	
Epígrafe (2)	
Artículos relacionados (3)	

1. Los poderes públicos aseguran la protección social, económica y jurídica de la familia.

2. Los poderes públicos aseguran, asimismo, la protección integral de los hijos, iguales éstos ante la ley con independencia de su filiación, y de las madres, cualquiera que sea su estado civil. La ley posibilitará la investigación de la paternidad.

3. Los padres deben prestar asistencia de todo orden a los hijos habidos dentro o fuera del matrimonio, durante su minoría de edad y en los demás casos en que legalmente proceda.

4. Los niños gozarán de la protección prevista en los acuerdos internacionales que velan por sus derechos.

(4) Nº de lecturas/ Fecha programada próxima lectura	Nº .... Fecha ..../..../....

(5) PREGUNTAS TRAS LAS LECTURAS

(5.1.) ¿Cuál es el supuesto de hecho para que se dé la consecuencia jurídica?	(5.2.) ¿Qué consecuencia pasa o sucede si se da el supuesto de hecho?

(6) Nº de contestaciones total a todas las preguntas/ Fecha programada próxima contestación a todas las preguntas	Nº .... Fecha ..../..../....

(7) ESQUEMA	(9) RESUMEN

(8) Nº de repasos esquema/Fecha programada próximo repaso esquema	Nº .... Fecha ..../..../....	(10) Nº de repasos resumen/Fecha programada próximo repaso resumen	Nº .... Fecha ..../..../....
(11) TUS REGLAS NEMOTÉCNICAS			
(12) AMPLIACIÓN DEL CONTENIDO: PRECEPTOS DE ESTA NORMA/PRECEPTOS DE OTRAS NORMAS/DOCTRINA: SENTENCIAS O RESOLUCIONES DE ÓRGANOS CONSULTIVOS/NOTAS			
(13) Nº de repasos/ Fecha programada próximo repaso ampliación contenido			Nº .... Fecha ..../...../...
(14) MODIFICACIONES AL PRECEPTO/DECLARACIÓN DE NULIDAD			
(15) Incorporación a texto y programación arriba			SI/NO

CAPÍTULO TERCERO

De los principios rectores de la política social y económica

☛ Artículo 40

Tema (1)	
Epígrafe (2)	
Artículos relacionados (3)	

1. Los poderes públicos promoverán las condiciones favorables para el progreso social y económico y para una distribución de la renta regional y personal más equitativa, en el marco de una política de estabilidad económica. De manera especial realizarán una política orientada al pleno empleo.

2. Asimismo, los poderes públicos fomentarán una política que garantice la formación y readaptación profesionales; velarán por la seguridad e higiene en el trabajo y garantizarán el descanso necesario, mediante la limitación de la jornada laboral, las vacaciones periódicas retribuidas y la promoción de centros adecuados.

<table>
<tr><td colspan="2">(4) Nº de lecturas/ Fecha programada próxima lectura</td><td>Nº ....
Fecha ..../..../....</td></tr>
<tr><td colspan="3">(5) PREGUNTAS TRAS LAS LECTURAS</td></tr>
<tr><td colspan="3"></td></tr>
<tr><td>(5.1.) ¿Cuál es el supuesto de hecho para que se dé la consecuencia jurídica?</td><td colspan="2">(5.2.) ¿Qué consecuencia pasa o sucede si se da el supuesto de hecho?</td></tr>
<tr><td></td><td colspan="2"></td></tr>
<tr><td colspan="2">(6) Nº de contestaciones total a todas las preguntas/
Fecha programada próxima contestación a todas las preguntas</td><td>Nº ....
Fecha ..../..../....</td></tr>
<tr><td>(7) ESQUEMA</td><td colspan="2">(9) RESUMEN</td></tr>
<tr><td></td><td colspan="2"></td></tr>
</table>

(8) Nº de repasos esquema/Fecha programada próximo repaso esquema	Nº .... Fecha ..../..../....	(10) Nº de repasos resumen/Fecha programada próximo repaso resumen	Nº .... Fecha ..../..../....
(11) TUS REGLAS NEMOTÉCNICAS			

(12) AMPLIACIÓN DEL CONTENIDO: PRECEPTOS DE ESTA NORMA/PRECEPTOS DE OTRAS NORMAS/DOCTRINA: SENTENCIAS O RESOLUCIONES DE ÓRGANOS CONSULTIVOS/NOTAS

(13) Nº de repasos/ Fecha programada próximo repaso ampliación contenido	Nº .... Fecha ..../...../...

(14) MODIFICACIONES AL PRECEPTO/DECLARACIÓN DE NULIDAD

(15) Incorporación a texto y programación arriba	SI/NO

☛ Artículo 41

Tema (1)	
Epígrafe (2)	
Artículos relacionados (3)	

Los poderes públicos mantendrán un régimen público de Seguridad Social para todos los ciudadanos, que garantice la asistencia y prestaciones sociales suficientes ante situaciones de necesidad, especialmente en caso de desempleo. La asistencia y prestaciones complementarias serán libres.

(4) Nº de lecturas/ Fecha programada próxima lectura	Nº .... Fecha ..../..../....

<table>
<tr><th colspan="4">(5) PREGUNTAS TRAS LAS LECTURAS</th></tr>
<tr><td colspan="4"></td></tr>
<tr><td colspan="2">(5.1.) ¿Cuál es el supuesto de hecho para que se dé la consecuencia jurídica?</td><td colspan="2">(5.2.) ¿Qué consecuencia pasa o sucede si se da el supuesto de hecho?</td></tr>
<tr><td colspan="2"></td><td colspan="2"></td></tr>
<tr><td colspan="3">(6) Nº de contestaciones total a todas las preguntas/
Fecha programada próxima contestación a todas las preguntas</td><td>Nº ....
Fecha ..../..../....</td></tr>
<tr><th colspan="2">(7) ESQUEMA</th><th colspan="2">(9) RESUMEN</th></tr>
<tr><td colspan="2"></td><td colspan="2"></td></tr>
<tr><td>(8) Nº de repasos esquema/Fecha programada próximo repaso esquema</td><td>Nº ....
Fecha ..../..../....</td><td>(10) Nº de repasos resumen/Fecha programada próximo repaso resumen</td><td>Nº ....
Fecha ..../..../....</td></tr>
</table>

(11) TUS REGLAS NEMOTÉCNICAS	

(12) AMPLIACIÓN DEL CONTENIDO: PRECEPTOS DE ESTA NORMA/PRECEPTOS DE OTRAS NORMAS/DOCTRINA: SENTENCIAS O RESOLUCIONES DE ÓRGANOS CONSULTIVOS/NOTAS	
(13) Nº de repasos/ Fecha programada próximo repaso ampliación contenido	Nº .... Fecha ..../...../...
(14) MODIFICACIONES AL PRECEPTO/DECLARACIÓN DE NULIDAD	
(15) Incorporación a texto y programación arriba	SI/NO

☛ Artículo 42

Tema (1)	
Epígrafe (2)	
Artículos relacionados (3)	

El Estado velará especialmente por la salvaguardia de los derechos económicos y sociales de los trabajadores españoles en el extranjero y orientará su política hacia su retorno.

(4) Nº de lecturas/ Fecha programada próxima lectura	Nº .... Fecha ..../..../....
(5) PREGUNTAS TRAS LAS LECTURAS	

<table>
<tr><td colspan="2">(5.1.) ¿Cuál es el supuesto de hecho para que se dé la consecuencia jurídica?</td><td colspan="2">(5.2.) ¿Qué consecuencia pasa o sucede si se da el supuesto de hecho?</td></tr>
<tr><td colspan="2"></td><td colspan="2"></td></tr>
<tr><td colspan="3">(6) Nº de contestaciones total a todas las preguntas/
Fecha programada próxima contestación a todas las preguntas</td><td>Nº ....
Fecha ..../..../....</td></tr>
<tr><td colspan="2">(7) ESQUEMA</td><td colspan="2">(9) RESUMEN</td></tr>
<tr><td colspan="2"></td><td colspan="2"></td></tr>
<tr><td>(8) Nº de repasos esquema/Fecha programada próximo repaso esquema</td><td>Nº ....
Fecha ..../..../....</td><td>(10) Nº de repasos resumen/Fecha programada próximo repaso resumen</td><td>Nº ....
Fecha ..../..../....</td></tr>
<tr><td>(11) TUS REGLAS NEMOTÉCNICAS</td><td colspan="3"></td></tr>
</table>

(12) AMPLIACIÓN DEL CONTENIDO: PRECEPTOS DE ESTA NORMA/PRECEPTOS DE OTRAS NORMAS/DOCTRINA: SENTENCIAS O RESOLUCIONES DE ÓRGANOS CONSULTIVOS/NOTAS	
(13) Nº de repasos/ Fecha programada próximo repaso ampliación contenido	Nº .... Fecha ..../...../...
(14) MODIFICACIONES AL PRECEPTO/DECLARACIÓN DE NULIDAD	
(15) Incorporación a texto y programación arriba	SI/NO

Artículo 43

Tema (1)	
Epígrafe (2)	
Artículos relacionados (3)	

1. Se reconoce el derecho a la protección de la salud.

2. Compete a los poderes públicos organizar y tutelar la salud pública a través de medidas preventivas y de las prestaciones y servicios necesarios. La ley establecerá los derechos y deberes de todos al respecto.

3. Los poderes públicos fomentarán la educación sanitaria, la educación física y el deporte. Asimismo facilitarán la adecuada utilización del ocio.

(4) Nº de lecturas/ Fecha programada próxima lectura	Nº .... Fecha ..../..../....
(5) PREGUNTAS TRAS LAS LECTURAS	

(5.1.) ¿Cuál es el supuesto de hecho para que se dé la consecuencia jurídica?	(5.2.) ¿Qué consecuencia pasa o sucede si se da el supuesto de hecho?

(6) Nº de contestaciones total a todas las preguntas/ Fecha programada próxima contestación a todas las preguntas	Nº .... Fecha ..../..../....

(7) ESQUEMA	(9) RESUMEN

(8) Nº de repasos esquema/Fecha programada próximo repaso esquema	Nº .... Fecha ..../..../....	(10) Nº de repasos resumen/Fecha programada próximo repaso resumen	Nº .... Fecha ..../..../....
(11) TUS REGLAS NEMOTÉCNICAS			

(12) AMPLIACIÓN DEL CONTENIDO: PRECEPTOS DE ESTA NORMA/PRECEPTOS DE OTRAS NORMAS/DOCTRINA: SENTENCIAS O RESOLUCIONES DE ÓRGANOS CONSULTIVOS/NOTAS	
(13) Nº de repasos/ Fecha programada próximo repaso ampliación contenido	Nº ……….. Fecha …./…../…
(14) MODIFICACIONES AL PRECEPTO/DECLARACIÓN DE NULIDAD	
(15) Incorporación a texto y programación arriba	SI/NO

Artículo 44

Tema (1)	
Epígrafe (2)	
Artículos relacionados (3)	

1. Los poderes públicos promoverán y tutelarán el acceso a la cultura, a la que todos tienen derecho.

2. Los poderes públicos promoverán la ciencia y la investigación científica y técnica en beneficio del interés general.

(4) Nº de lecturas/ Fecha programada próxima lectura	Nº ……….. Fecha …./…./….
(5) PREGUNTAS TRAS LAS LECTURAS	

(5.1.) ¿Cuál es el supuesto de hecho para que se dé la consecuencia jurídica?	(5.2.) ¿Qué consecuencia pasa o sucede si se da el supuesto de hecho?

(6) Nº de contestaciones total a todas las preguntas/ Fecha programada próxima contestación a todas las preguntas	Nº ……….. Fecha …./…./….

(7) ESQUEMA	(9) RESUMEN

(8) Nº de repasos esquema/Fecha programada próximo repaso esquema	Nº ……….. Fecha …./…./….	(10) Nº de repasos resumen/Fecha programada próximo repaso resumen	Nº ……….. Fecha …./…./….

(11) TUS REGLAS NEMOTÉCNICAS	

(12) AMPLIACIÓN DEL CONTENIDO: PRECEPTOS DE ESTA NORMA/PRECEPTOS DE OTRAS NORMAS/DOCTRINA: SENTENCIAS O RESOLUCIONES DE ÓRGANOS CONSULTIVOS/NOTAS	
(13) Nº de repasos/ Fecha programada próximo repaso ampliación contenido	Nº .... Fecha ..../...../...
(14) MODIFICACIONES AL PRECEPTO/DECLARACIÓN DE NULIDAD	
(15) Incorporación a texto y programación arriba	SI/NO

Artículo 45

Tema (1)	
Epígrafe (2)	
Artículos relacionados (3)	

1. Todos tienen el derecho a disfrutar de un medio ambiente adecuado para el desarrollo de la persona, así como el deber de conservarlo.

2. Los poderes públicos velarán por la utilización racional de todos los recursos naturales, con el fin de proteger y mejorar la calidad de la vida y defender y restaurar el medio ambiente, apoyándose en la indispensable solidaridad colectiva.

3. Para quienes violen lo dispuesto en el apartado anterior, en los términos que la ley fije se establecerán sanciones penales o, en su caso, administrativas, así como la obligación de reparar el daño causado.

(4) Nº de lecturas/ Fecha programada próxima lectura	Nº .... Fecha ..../..../....
(5) PREGUNTAS TRAS LAS LECTURAS	

(5.1.) ¿Cuál es el supuesto de hecho para que se dé la consecuencia jurídica?	(5.2.) ¿Qué consecuencia pasa o sucede si se da el supuesto de hecho?

(6) Nº de contestaciones total a todas las preguntas/ Fecha programada próxima contestación a todas las preguntas	Nº .... Fecha ..../..../....

(7) ESQUEMA	(9) RESUMEN

(8) Nº de repasos esquema/Fecha programada próximo repaso esquema	Nº .... Fecha ..../..../....	(10) Nº de repasos resumen/Fecha programada próximo repaso resumen	Nº .... Fecha ..../..../....

(11) TUS REGLAS NEMOTÉCNICAS	

(12) AMPLIACIÓN DEL CONTENIDO: PRECEPTOS DE ESTA NORMA/PRECEPTOS DE OTRAS NORMAS/DOCTRINA: SENTENCIAS O RESOLUCIONES DE ÓRGANOS CONSULTIVOS/NOTAS	
(13) Nº de repasos/ Fecha programada próximo repaso ampliación contenido	Nº .... Fecha ..../...../...
(14) MODIFICACIONES AL PRECEPTO/DECLARACIÓN DE NULIDAD	
(15) Incorporación a texto y programación arriba	SI/NO

☛ Artículo 46

Tema (1)	
Epígrafe (2)	
Artículos relacionados (3)	

Los poderes públicos garantizarán la conservación y promoverán el enriquecimiento del patrimonio histórico, cultural y artístico de los pueblos de España y de los bienes que lo integran, cualquiera que sea su régimen jurídico y su titularidad. La ley penal sancionará los atentados contra este patrimonio.

(4) Nº de lecturas/ Fecha programada próxima lectura	Nº .... Fecha ..../...../....
(5) PREGUNTAS TRAS LAS LECTURAS	

<table>
<tr><td colspan="2">(5.1.) ¿Cuál es el supuesto de hecho para que se dé la consecuencia jurídica?</td><td colspan="2">(5.2.) ¿Qué consecuencia pasa o sucede si se da el supuesto de hecho?</td></tr>
<tr><td colspan="2"></td><td colspan="2"></td></tr>
<tr><td colspan="3">(6) Nº de contestaciones total a todas las preguntas/
Fecha programada próxima contestación a todas las preguntas</td><td>Nº ....
Fecha ..../..../....</td></tr>
<tr><td colspan="2">(7) ESQUEMA</td><td colspan="2">(9) RESUMEN</td></tr>
<tr><td colspan="2"></td><td colspan="2"></td></tr>
<tr><td>(8) Nº de repasos esquema/Fecha programada próximo repaso esquema</td><td>Nº ....
Fecha ..../..../....</td><td>(10) Nº de repasos resumen/Fecha programada próximo repaso resumen</td><td>Nº ....
Fecha ..../..../....</td></tr>
<tr><td>(11) TUS REGLAS NEMOTÉCNICAS</td><td colspan="3"></td></tr>
</table>

(12) AMPLIACIÓN DEL CONTENIDO: PRECEPTOS DE ESTA NORMA/PRECEPTOS DE OTRAS NORMAS/DOCTRINA: SENTENCIAS O RESOLUCIONES DE ÓRGANOS CONSULTIVOS/NOTAS	
(13) Nº de repasos/ Fecha programada próximo repaso ampliación contenido	Nº .... Fecha ..../...../...
(14) MODIFICACIONES AL PRECEPTO/DECLARACIÓN DE NULIDAD	
(15) Incorporación a texto y programación arriba	SI/NO

☛ Artículo 47

Tema (1)	
Epígrafe (2)	
Artículos relacionados (3)	

Todos los españoles tienen derecho a disfrutar de una vivienda digna y adecuada. Los poderes públicos promoverán las condiciones necesarias y establecerán las normas pertinentes para hacer efectivo este derecho, regulando la utilización del suelo de acuerdo con el interés general para impedir la especulación. La comunidad participará en las plusvalías que genere la acción urbanística de los entes públicos.

(4) Nº de lecturas/ Fecha programada próxima lectura	Nº .... Fecha ..../..../....
(5) PREGUNTAS TRAS LAS LECTURAS	

(5.1.) ¿Cuál es el supuesto de hecho para que se dé la consecuencia jurídica?	(5.2.) ¿Qué consecuencia pasa o sucede si se da el supuesto de hecho?

(6) Nº de contestaciones total a todas las preguntas/ Fecha programada próxima contestación a todas las preguntas	Nº .... Fecha ..../..../....

(7) ESQUEMA	(9) RESUMEN

(8) Nº de repasos esquema/Fecha programada próximo repaso esquema	Nº .... Fecha ..../..../....	(10) Nº de repasos resumen/Fecha programada próximo repaso resumen	Nº .... Fecha ..../..../....

(11) TUS REGLAS NEMOTÉCNICAS	

(12) AMPLIACIÓN DEL CONTENIDO: PRECEPTOS DE ESTA NORMA/PRECEPTOS DE OTRAS NORMAS/DOCTRINA: SENTENCIAS O RESOLUCIONES DE ÓRGANOS CONSULTIVOS/NOTAS	
(13) Nº de repasos/ Fecha programada próximo repaso ampliación contenido	Nº .... Fecha ..../...../...
(14) MODIFICACIONES AL PRECEPTO/DECLARACIÓN DE NULIDAD	
(15) Incorporación a texto y programación arriba	SI/NO

☛ Artículo 48

Tema (1)	
Epígrafe (2)	
Artículos relacionados (3)	

Los poderes públicos promoverán las condiciones para la participación libre y eficaz de la juventud en el desarrollo político, social, económico y cultural.

(4) Nº de lecturas/ Fecha programada próxima lectura	Nº .... Fecha ..../..../....
(5) PREGUNTAS TRAS LAS LECTURAS	

<table>
<tr><td colspan="2">(5.1.) ¿Cuál es el supuesto de hecho para que se dé la consecuencia jurídica?</td><td colspan="2">(5.2.) ¿Qué consecuencia pasa o sucede si se da el supuesto de hecho?</td></tr>
<tr><td colspan="2"></td><td colspan="2"></td></tr>
<tr><td colspan="3">(6) Nº de contestaciones total a todas las preguntas/
Fecha programada próxima contestación a todas las preguntas</td><td>Nº ....
Fecha ..../..../....</td></tr>
<tr><td colspan="2">(7) ESQUEMA</td><td colspan="2">(9) RESUMEN</td></tr>
<tr><td colspan="2"></td><td colspan="2"></td></tr>
<tr><td>(8) Nº de repasos esquema/Fecha programada próximo repaso esquema</td><td>Nº ....
Fecha ..../..../....</td><td>(10) Nº de repasos resumen/Fecha programada próximo repaso resumen</td><td>Nº ....
Fecha ..../..../....</td></tr>
<tr><td>(11) TUS REGLAS NEMOTÉCNICAS</td><td colspan="3"></td></tr>
</table>

(12) AMPLIACIÓN DEL CONTENIDO: PRECEPTOS DE ESTA NORMA/PRECEPTOS DE OTRAS NORMAS/DOCTRINA: SENTENCIAS O RESOLUCIONES DE ÓRGANOS CONSULTIVOS/NOTAS	
(13) Nº de repasos/ Fecha programada próximo repaso ampliación contenido	Nº .... Fecha ..../...../...
(14) MODIFICACIONES AL PRECEPTO/DECLARACIÓN DE NULIDAD	
(15) Incorporación a texto y programación arriba	SI/NO

☛ Artículo 49

Tema (1)	
Epígrafe (2)	
Artículos relacionados (3)	

Las personas con discapacidad ejercen los derechos previstos en este Título en condiciones de libertad e igualdad reales y efectivas. Se regulará por ley la protección especial que sea necesaria para dicho ejercicio.

Los poderes públicos impulsarán las políticas que garanticen la plena autonomía personal y la inclusión social de las personas con discapacidad, en entornos universalmente accesibles. Asimismo, fomentarán la participación de sus organizaciones, en los términos que la ley establezca. Se atenderán particularmente las necesidades específicas de las mujeres y los menores con discapacidad.

(4) Nº de lecturas/ Fecha programada próxima lectura	Nº .... Fecha ..../..../....
(5) PREGUNTAS TRAS LAS LECTURAS	

<table>
<tr><td colspan="2">(5.1.) ¿Cuál es el supuesto de hecho para que se dé la consecuencia jurídica?</td><td colspan="2">(5.2.) ¿Qué consecuencia pasa o sucede si se da el supuesto de hecho?</td></tr>
<tr><td colspan="2"></td><td colspan="2"></td></tr>
<tr><td colspan="3">(6) Nº de contestaciones total a todas las preguntas/
Fecha programada próxima contestación a todas las preguntas</td><td>Nº ………..
Fecha …./…./….</td></tr>
<tr><td colspan="2">(7) ESQUEMA</td><td colspan="2">(9) RESUMEN</td></tr>
<tr><td colspan="2"></td><td colspan="2"></td></tr>
<tr><td>(8) Nº de repasos esquema/Fecha programada próximo repaso esquema</td><td>Nº ………..
Fecha …./…./….</td><td>(10) Nº de repasos resumen/Fecha programada próximo repaso resumen</td><td>Nº ………..
Fecha …./…./….</td></tr>
<tr><td>(11) TUS REGLAS NEMOTÉCNICAS</td><td colspan="3"></td></tr>
</table>

(12) AMPLIACIÓN DEL CONTENIDO: PRECEPTOS DE ESTA NORMA/PRECEPTOS DE OTRAS NORMAS/DOCTRINA: SENTENCIAS O RESOLUCIONES DE ÓRGANOS CONSULTIVOS/NOTAS	
(13) Nº de repasos/ Fecha programada próximo repaso ampliación contenido	Nº .... Fecha ..../...../...
(14) MODIFICACIONES AL PRECEPTO/DECLARACIÓN DE NULIDAD	
(15) Incorporación a texto y programación arriba	SI/NO

Artículo 50

Tema (1)	
Epígrafe (2)	
Artículos relacionados (3)	

Los poderes públicos garantizarán, mediante pensiones adecuadas y periódicamente actualizadas, la suficiencia económica a los ciudadanos durante la tercera edad. Asimismo, y con independencia de las obligaciones familiares, promoverán su bienestar mediante un sistema de servicios sociales que atenderán sus problemas específicos de salud, vivienda, cultura y ocio.

(4) Nº de lecturas/ Fecha programada próxima lectura	Nº .... Fecha ..../..../....
(5) PREGUNTAS TRAS LAS LECTURAS	

<table>
<tr><th colspan="2">(5.1.) ¿Cuál es el supuesto de hecho para que se dé la consecuencia jurídica?</th><th colspan="2">(5.2.) ¿Qué consecuencia pasa o sucede si se da el supuesto de hecho?</th></tr>
<tr><td colspan="2"></td><td colspan="2"></td></tr>
<tr><td colspan="3">(6) Nº de contestaciones total a todas las preguntas/
Fecha programada próxima contestación a todas las preguntas</td><td>Nº ....
Fecha ..../..../....</td></tr>
<tr><th colspan="2">(7) ESQUEMA</th><th colspan="2">(9) RESUMEN</th></tr>
<tr><td colspan="2"></td><td colspan="2"></td></tr>
<tr><td>(8) Nº de repasos esquema/Fecha programada próximo repaso esquema</td><td>Nº ....
Fecha ..../..../....</td><td>(10) Nº de repasos resumen/Fecha programada próximo repaso resumen</td><td>Nº ....
Fecha ..../..../....</td></tr>
<tr><td>(11) TUS REGLAS NEMOTÉCNICAS</td><td colspan="3"></td></tr>
</table>

(12) AMPLIACIÓN DEL CONTENIDO: PRECEPTOS DE ESTA NORMA/PRECEPTOS DE OTRAS NORMAS/DOCTRINA: SENTENCIAS O RESOLUCIONES DE ÓRGANOS CONSULTIVOS/NOTAS	
(13) Nº de repasos/ Fecha programada próximo repaso ampliación contenido	Nº ……….. Fecha …./…../…
(14) MODIFICACIONES AL PRECEPTO/DECLARACIÓN DE NULIDAD	
(15) Incorporación a texto y programación arriba	SI/NO

Artículo 51

Tema (1)	
Epígrafe (2)	
Artículos relacionados (3)	

1. Los poderes públicos garantizarán la defensa de los consumidores y usuarios, protegiendo, mediante procedimientos eficaces, la seguridad, la salud y los legítimos intereses económicos de los mismos.

2. Los poderes públicos promoverán la información y la educación de los consumidores y usuarios, fomentarán sus organizaciones y oirán a éstas en las cuestiones que puedan afectar a aquéllos, en los términos que la ley establezca.

3. En el marco de lo dispuesto por los apartados anteriores, la ley regulará el comercio interior y el régimen de autorización de productos comerciales.

(4) Nº de lecturas/ Fecha programada próxima lectura	Nº ……….. Fecha …./…./….
(5) PREGUNTAS TRAS LAS LECTURAS	

(5.1.) ¿Cuál es el supuesto de hecho para que se dé la consecuencia jurídica?	(5.2.) ¿Qué consecuencia pasa o sucede si se da el supuesto de hecho?

(6) Nº de contestaciones total a todas las preguntas/ Fecha programada próxima contestación a todas las preguntas	Nº ……….. Fecha …./…./….

(7) ESQUEMA	(9) RESUMEN

(8) Nº de repasos esquema/Fecha programada próximo repaso esquema	Nº ……….. Fecha …./…./….	(10) Nº de repasos resumen/Fecha programada próximo repaso resumen	Nº ……….. Fecha …./…./….

(11) TUS REGLAS NEMOTÉCNICAS	

(12) AMPLIACIÓN DEL CONTENIDO: PRECEPTOS DE ESTA NORMA/PRECEPTOS DE OTRAS NORMAS/DOCTRINA: SENTENCIAS O RESOLUCIONES DE ÓRGANOS CONSULTIVOS/NOTAS	
(13) Nº de repasos/ Fecha programada próximo repaso ampliación contenido	Nº .... Fecha ..../...../...
(14) MODIFICACIONES AL PRECEPTO/DECLARACIÓN DE NULIDAD	
(15) Incorporación a texto y programación arriba	SI/NO

☛ Artículo 52

Tema (1)	
Epígrafe (2)	
Artículos relacionados (3)	

La ley regulará las organizaciones profesionales que contribuyan a la defensa de los intereses económicos que les sean propios. Su estructura interna y funcionamiento deberán ser democráticos.

(4) Nº de lecturas/ Fecha programada próxima lectura	Nº .... Fecha ..../..../....
(5) PREGUNTAS TRAS LAS LECTURAS	

(5.1.) ¿Cuál es el supuesto de hecho para que se dé la consecuencia jurídica?	(5.2.) ¿Qué consecuencia pasa o sucede si se da el supuesto de hecho?

(6) Nº de contestaciones total a todas las preguntas/ Fecha programada próxima contestación a todas las preguntas	Nº .... Fecha ..../..../....

(7) ESQUEMA	(9) RESUMEN

(8) Nº de repasos esquema/Fecha programada próximo repaso esquema	Nº .... Fecha ..../..../....	(10) Nº de repasos resumen/Fecha programada próximo repaso resumen	Nº .... Fecha ..../..../....

(11) TUS REGLAS NEMOTÉCNICAS	

(12) AMPLIACIÓN DEL CONTENIDO: PRECEPTOS DE ESTA NORMA/PRECEPTOS DE OTRAS NORMAS/DOCTRINA: SENTENCIAS O RESOLUCIONES DE ÓRGANOS CONSULTIVOS/NOTAS	
(13) Nº de repasos/ Fecha programada próximo repaso ampliación contenido	Nº .... Fecha ..../...../...
(14) MODIFICACIONES AL PRECEPTO/DECLARACIÓN DE NULIDAD	
(15) Incorporación a texto y programación arriba	SI/NO

CAPÍTULO CUARTO

De las garantías de las libertades y derechos fundamentales

Artículo 53

Tema (1)	
Epígrafe (2)	
Artículos relacionados (3)	

1. Los derechos y libertades reconocidos en el Capítulo segundo del presente Título vinculan a todos los poderes públicos. Sólo por ley, que en todo caso deberá respetar su contenido esencial, podrá regularse el ejercicio de tales derechos y libertades, que se tutelarán de acuerdo con lo previsto en el artículo 161, 1, a).

2. Cualquier ciudadano podrá recabar la tutela de las libertades y derechos reconocidos en el artículo 14 y la Sección primera del Capítulo segundo ante los Tribunales ordinarios por un procedimiento basado en los principios de preferencia y sumariedad y, en su caso, a través del recurso de amparo ante el Tribunal Constitucional. Este último recurso será aplicable a la objeción de conciencia reconocida en el artículo 30.

3. El reconocimiento, el respeto y la protección de los principios reconocidos en el Capítulo tercero informarán la legislación positiva, la práctica judicial y la actuación de los poderes públicos. Sólo podrán ser alegados ante la Jurisdicción ordinaria de acuerdo con lo que dispongan las leyes que los desarrollen.

<table>
<tr><td colspan="2">(4) Nº de lecturas/ Fecha programada próxima lectura</td><td>Nº ....
Fecha ..../..../....</td></tr>
<tr><td colspan="3">(5) PREGUNTAS TRAS LAS LECTURAS</td></tr>
<tr><td colspan="3"></td></tr>
<tr><td>(5.1.) ¿Cuál es el supuesto de hecho para que se dé la consecuencia jurídica?</td><td colspan="2">(5.2.) ¿Qué consecuencia pasa o sucede si se da el supuesto de hecho?</td></tr>
<tr><td></td><td colspan="2"></td></tr>
<tr><td colspan="2">(6) Nº de contestaciones total a todas las preguntas/
Fecha programada próxima contestación a todas las preguntas</td><td>Nº ....
Fecha ..../..../....</td></tr>
<tr><td>(7) ESQUEMA</td><td colspan="2">(9) RESUMEN</td></tr>
<tr><td></td><td colspan="2"></td></tr>
</table>

(8) Nº de repasos esquema/Fecha programada próximo repaso esquema	Nº .... Fecha ..../..../....	(10) Nº de repasos resumen/Fecha programada próximo repaso resumen	Nº .... Fecha ..../..../....
(11) TUS REGLAS NEMOTÉCNICAS			

(12) AMPLIACIÓN DEL CONTENIDO: PRECEPTOS DE ESTA NORMA/PRECEPTOS DE OTRAS NORMAS/DOCTRINA: SENTENCIAS O RESOLUCIONES DE ÓRGANOS CONSULTIVOS/NOTAS	
(13) Nº de repasos/ Fecha programada próximo repaso ampliación contenido	Nº .... Fecha ..../...../...
(14) MODIFICACIONES AL PRECEPTO/DECLARACIÓN DE NULIDAD	
(15) Incorporación a texto y programación arriba	SI/NO

☛ Artículo 54

Tema (1)	
Epígrafe (2)	
Artículos relacionados (3)	

Una ley orgánica regulará la institución del Defensor del Pueblo, como alto comisionado de las Cortes Generales, designado por éstas para la defensa de los derechos comprendidos en este Título, a cuyo efecto podrá supervisar la actividad de la Administración, dando cuenta a las Cortes Generales.

(4) Nº de lecturas/ Fecha programada próxima lectura	Nº .... Fecha ..../..../....

<table>
<tr><th colspan="3">(5) PREGUNTAS TRAS LAS LECTURAS</th></tr>
<tr><td colspan="3"></td></tr>
<tr><th>(5.1.) ¿Cuál es el supuesto de hecho para que se dé la consecuencia jurídica?</th><th colspan="2">(5.2.) ¿Qué consecuencia pasa o sucede si se da el supuesto de hecho?</th></tr>
<tr><td></td><td colspan="2"></td></tr>
<tr><th colspan="2">(6) Nº de contestaciones total a todas las preguntas/
Fecha programada próxima contestación a todas las preguntas</th><td>Nº ....
Fecha ..../..../....</td></tr>
<tr><th>(7) ESQUEMA</th><th colspan="2">(9) RESUMEN</th></tr>
<tr><td></td><td colspan="2"></td></tr>
</table>

(8) Nº de repasos esquema/Fecha programada próximo repaso esquema	Nº .... Fecha ..../..../....	(10) Nº de repasos resumen/Fecha programada próximo repaso resumen	Nº .... Fecha ..../..../....
(11) TUS REGLAS NEMOTÉCNICAS			

(12) AMPLIACIÓN DEL CONTENIDO: PRECEPTOS DE ESTA NORMA/PRECEPTOS DE OTRAS NORMAS/DOCTRINA: SENTENCIAS O RESOLUCIONES DE ÓRGANOS CONSULTIVOS/NOTAS

(13) Nº de repasos/ Fecha programada próximo repaso ampliación contenido	Nº .... Fecha ..../...../...
(14) MODIFICACIONES AL PRECEPTO/DECLARACIÓN DE NULIDAD	
(15) Incorporación a texto y programación arriba	SI/NO

CAPÍTULO QUINTO

De la suspensión de los derechos y libertades

☛ Artículo 55

Tema (1)	
Epígrafe (2)	
Artículos relacionados (3)	

1. Los derechos reconocidos en los artículos 17, 18, apartados 2 y 3, artículos 19, 20, apartados 1, a) y d), y 5, artículos 21, 28, apartado 2, y artículo 37, apartado 2, podrán ser suspendidos cuando se acuerde la declaración del estado de excepción o de sitio en los términos previstos en

la Constitución. Se exceptúa de lo establecido anteriormente el apartado 3 del artículo 17 para el supuesto de declaración de estado de excepción.

2. Una ley orgánica podrá determinar la forma y los casos en los que, de forma individual y con la necesaria intervención judicial y el adecuado control parlamentario, los derechos reconocidos en los artículos 17, apartado 2, y 18, apartados 2 y 3, pueden ser suspendidos para personas determinadas, en relación con las investigaciones correspondientes a la actuación de bandas armadas o elementos terroristas.

La utilización injustificada o abusiva de las facultades reconocidas en dicha ley orgánica producirá responsabilidad penal, como violación de los derechos y libertades reconocidos por las leyes.

<table>
<tr><td colspan="2">(4) Nº de lecturas/ Fecha programada próxima lectura</td><td>Nº ....
Fecha ..../..../....</td></tr>
<tr><td colspan="3">(5) PREGUNTAS TRAS LAS LECTURAS</td></tr>
<tr><td colspan="3"></td></tr>
<tr><td>(5.1.) ¿Cuál es el supuesto de hecho para que se dé la consecuencia jurídica?</td><td colspan="2">(5.2.) ¿Qué consecuencia pasa o sucede si se da el supuesto de hecho?</td></tr>
<tr><td></td><td colspan="2"></td></tr>
<tr><td colspan="2">(6) Nº de contestaciones total a todas las preguntas/
Fecha programada próxima contestación a todas las preguntas</td><td>Nº ....
Fecha ..../..../....</td></tr>
<tr><td>(7) ESQUEMA</td><td colspan="2">(9) RESUMEN</td></tr>
<tr><td></td><td colspan="2"></td></tr>
</table>

(8) Nº de repasos esquema/Fecha programada próximo repaso esquema	Nº .... Fecha ..../..../....	(10) Nº de repasos resumen/Fecha programada próximo repaso resumen	Nº .... Fecha ..../..../....
(11) TUS REGLAS NEMOTÉCNICAS			

(12) AMPLIACIÓN DEL CONTENIDO: PRECEPTOS DE ESTA NORMA/PRECEPTOS DE OTRAS NORMAS/DOCTRINA: SENTENCIAS O RESOLUCIONES DE ÓRGANOS CONSULTIVOS/NOTAS

(13) Nº de repasos/ Fecha programada próximo repaso ampliación contenido	Nº .... Fecha ..../...../...

(14) MODIFICACIONES AL PRECEPTO/DECLARACIÓN DE NULIDAD

(15) Incorporación a texto y programación arriba	SI/NO

TÍTULO II

De la Corona

Artículo 56

Tema (1)	
Epígrafe (2)	
Artículos relacionados (3)	

1. El Rey es el Jefe del Estado, símbolo de su unidad y permanencia, arbitra y modera el funcionamiento regular de las instituciones, asume la más alta representación del Estado español en las relaciones internacionales, especialmente con las naciones de su comunidad histórica, y ejerce las funciones que le atribuyen expresamente la Constitución y las leyes.

2. Su título es el de Rey de España y podrá utilizar los demás que correspondan a la Corona.

3. La persona del Rey es inviolable y no está sujeta a responsabilidad. Sus actos estarán siempre refrendados en la forma establecida en el artículo 64, careciendo de validez sin dicho refrendo, salvo lo dispuesto en el artículo 65, 2.

(4) Nº de lecturas/ Fecha programada próxima lectura	**Nº ....** **Fecha ..../..../....**
(5) PREGUNTAS TRAS LAS LECTURAS	
(5.1.) ¿Cuál es el supuesto de hecho para que se dé la consecuencia jurídica?	**(5.2.) ¿Qué consecuencia pasa o sucede si se da el supuesto de hecho?**
(6) Nº de contestaciones total a todas las preguntas/ Fecha programada próxima contestación a todas las preguntas	**Nº ....** **Fecha ..../..../....**
(7) ESQUEMA	**(9) RESUMEN**

(8) Nº de repasos esquema/Fecha programada próximo repaso esquema	Nº .... Fecha ..../..../....	(10) Nº de repasos resumen/Fecha programada próximo repaso resumen	Nº .... Fecha ..../..../....
(11) TUS REGLAS NEMOTÉCNICAS			

(12) AMPLIACIÓN DEL CONTENIDO: PRECEPTOS DE ESTA NORMA/PRECEPTOS DE OTRAS NORMAS/DOCTRINA: SENTENCIAS O RESOLUCIONES DE ÓRGANOS CONSULTIVOS/NOTAS

(13) Nº de repasos/ Fecha programada próximo repaso ampliación contenido	Nº .... Fecha ..../...../...
(14) MODIFICACIONES AL PRECEPTO/DECLARACIÓN DE NULIDAD	
(15) Incorporación a texto y programación arriba	SI/NO

☛ Artículo 57

Tema (1)	
Epígrafe (2)	
Artículos relacionados (3)	

1. La Corona de España es hereditaria en los sucesores de S. M. Don Juan Carlos I de Borbón, legítimo heredero de la dinastía histórica. La sucesión en el trono seguirá el orden regular de primogenitura y representación, siendo preferida siempre la línea anterior a las posteriores; en la misma línea, el grado más próximo al más remoto; en el mismo grado, el varón a la mujer, y en el mismo sexo, la persona de más edad a la de menos.

2. El Príncipe heredero, desde su nacimiento o desde que se produzca el hecho que origine el llamamiento, tendrá la dignidad de Príncipe de Asturias y los demás títulos vinculados tradicionalmente al sucesor de la Corona de España.

3. Extinguidas todas las líneas llamadas en Derecho, las Cortes Generales proveerán a la sucesión en la Corona en la forma que más convenga a los intereses de España.

4. Aquellas personas que teniendo derecho a la sucesión en el trono contrajeren matrimonio contra la expresa prohibición del Rey y de las Cortes Generales, quedarán excluidas en la sucesión a la Corona por sí y sus descendientes.

5. Las abdicaciones y renuncias y cualquier duda de hecho o de derecho que ocurra en el orden de sucesión a la Corona se resolverán por una ley orgánica.

<table>
<tr><td colspan="2">(4) Nº de lecturas/ Fecha programada próxima lectura</td><td>Nº ....
Fecha ..../..../....</td></tr>
<tr><td colspan="3">(5) PREGUNTAS TRAS LAS LECTURAS</td></tr>
<tr><td colspan="3"></td></tr>
<tr><td>(5.1.) ¿Cuál es el supuesto de hecho para que se dé la consecuencia jurídica?</td><td colspan="2">(5.2.) ¿Qué consecuencia pasa o sucede si se da el supuesto de hecho?</td></tr>
<tr><td></td><td colspan="2"></td></tr>
<tr><td colspan="2">(6) Nº de contestaciones total a todas las preguntas/ Fecha programada próxima contestación a todas las preguntas</td><td>Nº ....
Fecha ..../..../....</td></tr>
<tr><td>(7) ESQUEMA</td><td colspan="2">(9) RESUMEN</td></tr>
<tr><td></td><td colspan="2"></td></tr>
</table>

(8) Nº de repasos esquema/Fecha programada próximo repaso esquema	Nº .... Fecha ..../..../....	(10) Nº de repasos resumen/Fecha programada próximo repaso resumen	Nº .... Fecha ..../..../....
(11) TUS REGLAS NEMOTÉCNICAS			

(12) AMPLIACIÓN DEL CONTENIDO: PRECEPTOS DE ESTA NORMA/PRECEPTOS DE OTRAS NORMAS/DOCTRINA: SENTENCIAS O RESOLUCIONES DE ÓRGANOS CONSULTIVOS/NOTAS

(13) Nº de repasos/ Fecha programada próximo repaso ampliación contenido	Nº .... Fecha ..../...../...
(14) MODIFICACIONES AL PRECEPTO/DECLARACIÓN DE NULIDAD	
(15) Incorporación a texto y programación arriba	SI/NO

☛ Artículo 58

Tema (1)	
Epígrafe (2)	
Artículos relacionados (3)	

La Reina consorte o el consorte de la Reina no podrán asumir funciones constitucionales, salvo lo dispuesto para la Regencia.

(4) Nº de lecturas/ Fecha programada próxima lectura	Nº .... Fecha ..../..../....

(5) PREGUNTAS TRAS LAS LECTURAS	
(5.1.) ¿Cuál es el supuesto de hecho para que se dé la consecuencia jurídica?	(5.2.) ¿Qué consecuencia pasa o sucede si se da el supuesto de hecho?

(6) Nº de contestaciones total a todas las preguntas/ Fecha programada próxima contestación a todas las preguntas	Nº ……….. Fecha …./…./….

(7) ESQUEMA	(9) RESUMEN

(8) Nº de repasos esquema/Fecha programada próximo repaso esquema	Nº ……….. Fecha …./…./….	(10) Nº de repasos resumen/Fecha programada próximo repaso resumen	Nº ……….. Fecha …./…./….

(11) TUS REGLAS NEMOTÉCNICAS	

(12) AMPLIACIÓN DEL CONTENIDO:
PRECEPTOS DE ESTA NORMA/PRECEPTOS DE OTRAS NORMAS/DOCTRINA: SENTENCIAS O RESOLUCIONES DE ÓRGANOS CONSULTIVOS/NOTAS

(13) Nº de repasos/ Fecha programada próximo repaso ampliación contenido	**Nº ....** **Fecha ..../...../...**

(14) MODIFICACIONES AL PRECEPTO/DECLARACIÓN DE NULIDAD

(15) Incorporación a texto y programación arriba	**SI/NO**

☛ Artículo 59

Tema (1)	
Epígrafe (2)	
Artículos relacionados (3)	

1. Cuando el Rey fuere menor de edad, el padre o la madre del Rey y, en su defecto, el pariente mayor de edad más próximo a suceder en la Corona, según el orden establecido en la Constitución, entrará a ejercer inmediatamente la Regencia y la ejercerá durante el tiempo de la minoría de edad del Rey.

2. Si el Rey se inhabilitare para el ejercicio de su autoridad y la imposibilidad fuere reconocida por las Cortes Generales, entrará a ejercer inmediatamente la Regencia el Príncipe heredero de la Corona, si fuere mayor de edad. Si no lo fuere, se procederá de la manera prevista en el apartado anterior, hasta que el Príncipe heredero alcance la mayoría de edad.

3. Si no hubiere ninguna persona a quien corresponda la Regencia, ésta será nombrada por las Cortes Generales, y se compondrá de una, tres o cinco personas.

4. Para ejercer la Regencia es preciso ser español y mayor de edad.

5. La Regencia se ejercerá por mandato constitucional y siempre en nombre del Rey.

<table>
<tr><td>(4) Nº de lecturas/ Fecha programada próxima lectura</td><td>Nº ....
Fecha ..../..../....</td></tr>
<tr><td colspan="2">(5) PREGUNTAS TRAS LAS LECTURAS</td></tr>
<tr><td colspan="2"></td></tr>
<tr><td>(5.1.) ¿Cuál es el supuesto de hecho para que se dé la consecuencia jurídica?</td><td>(5.2.) ¿Qué consecuencia pasa o sucede si se da el supuesto de hecho?</td></tr>
<tr><td></td><td></td></tr>
<tr><td>(6) Nº de contestaciones total a todas las preguntas/
Fecha programada próxima contestación a todas las preguntas</td><td>Nº ....
Fecha ..../..../....</td></tr>
<tr><td>(7) ESQUEMA</td><td>(9) RESUMEN</td></tr>
<tr><td></td><td></td></tr>
</table>

(8) Nº de repasos esquema/Fecha programada próximo repaso esquema	Nº ………. Fecha …./…./….	(10) Nº de repasos resumen/Fecha programada próximo repaso resumen	Nº ………. Fecha …./…./….
(11) TUS REGLAS NEMOTÉCNICAS			

(12) AMPLIACIÓN DEL CONTENIDO: PRECEPTOS DE ESTA NORMA/PRECEPTOS DE OTRAS NORMAS/DOCTRINA: SENTENCIAS O RESOLUCIONES DE ÓRGANOS CONSULTIVOS/NOTAS

(13) Nº de repasos/ Fecha programada próximo repaso ampliación contenido	Nº ………. Fecha …./…../…
(14) MODIFICACIONES AL PRECEPTO/DECLARACIÓN DE NULIDAD	
(15) Incorporación a texto y programación arriba	SI/NO

☛ Artículo 60

Tema (1)	
Epígrafe (2)	
Artículos relacionados (3)	

1. Será tutor del Rey menor la persona que en su testamento hubiese nombrado el Rey difunto, siempre que sea mayor de edad y español de nacimiento; si no lo hubiese nombrado, será tutor el padre o la madre mientras permanezcan viudos. En su defecto, lo nombrarán las Cortes Generales, pero no podrán acumularse los cargos de Regente y de tutor sino en el padre, madre o ascendientes directos del Rey.

2. El ejercicio de la tutela es también incompatible con el de todo cargo o representación política.

(4) Nº de lecturas/ Fecha programada próxima lectura	Nº .... Fecha ..../..../....

(5) PREGUNTAS TRAS LAS LECTURAS

(5.1.) ¿Cuál es el supuesto de hecho para que se dé la consecuencia jurídica?	**(5.2.) ¿Qué consecuencia pasa o sucede si se da el supuesto de hecho?**

(6) Nº de contestaciones total a todas las preguntas/ Fecha programada próxima contestación a todas las preguntas	Nº .... Fecha ..../..../....

(7) ESQUEMA	**(9) RESUMEN**

(8) Nº de repasos esquema/Fecha programada próximo repaso esquema	Nº .... Fecha ..../..../....	**(10) Nº de repasos resumen/Fecha programada próximo repaso resumen**	Nº .... Fecha ..../..../....

(11) TUS REGLAS NEMOTÉCNICAS	

(12) AMPLIACIÓN DEL CONTENIDO: PRECEPTOS DE ESTA NORMA/PRECEPTOS DE OTRAS NORMAS/DOCTRINA: SENTENCIAS O RESOLUCIONES DE ÓRGANOS CONSULTIVOS/NOTAS

(13) Nº de repasos/ Fecha programada próximo repaso ampliación contenido	Nº ……….. Fecha …./…../…

(14) MODIFICACIONES AL PRECEPTO/DECLARACIÓN DE NULIDAD

(15) Incorporación a texto y programación arriba	SI/NO

☛ Artículo 61

Tema (1)	
Epígrafe (2)	
Artículos relacionados (3)	

1. El Rey, al ser proclamado ante las Cortes Generales, prestará juramento de desempeñar fielmente sus funciones, guardar y hacer guardar la Constitución y las leyes y respetar los derechos de los ciudadanos y de las Comunidades Autónomas.

2. El Príncipe heredero, al alcanzar la mayoría de edad, y el Regente o Regentes al hacerse cargo de sus funciones, prestarán el mismo juramento, así como el de fidelidad al Rey.

(4) Nº de lecturas/ Fecha programada próxima lectura	Nº ……….. Fecha …./…./….

(5) PREGUNTAS TRAS LAS LECTURAS

(5.1.) ¿Cuál es el supuesto de hecho para que se dé la consecuencia jurídica?

(5.2.) ¿Qué consecuencia pasa o sucede si se da el supuesto de hecho?

(6) Nº de contestaciones total a todas las preguntas/ Fecha programada próxima contestación a todas las preguntas

Nº ………..

Fecha …./…./….

(7) ESQUEMA

(9) RESUMEN

(8) Nº de repasos esquema/Fecha programada próximo repaso esquema

Nº ………..

Fecha …./…./….

(10) Nº de repasos resumen/Fecha programada próximo repaso resumen

Nº ………..

Fecha …./…./….

(11) TUS REGLAS NEMOTÉCNICAS	
(12) AMPLIACIÓN DEL CONTENIDO: PRECEPTOS DE ESTA NORMA/PRECEPTOS DE OTRAS NORMAS/DOCTRINA: SENTENCIAS O RESOLUCIONES DE ÓRGANOS CONSULTIVOS/NOTAS	
(13) Nº de repasos/ Fecha programada próximo repaso ampliación contenido	Nº .... Fecha ..../...../...
(14) MODIFICACIONES AL PRECEPTO/DECLARACIÓN DE NULIDAD	
(15) Incorporación a texto y programación arriba	SI/NO

Artículo 62

Tema (1)	
Epígrafe (2)	
Artículos relacionados (3)	

Corresponde al Rey:

a) Sancionar y promulgar las leyes.

b) Convocar y disolver las Cortes Generales y convocar elecciones en los términos previstos en la Constitución.

c) Convocar a referéndum en los casos previstos en la Constitución.

d) Proponer el candidato a Presidente del Gobierno y, en su caso, nombrarlo, así como poner fin a sus funciones en los términos previstos en la Constitución.

e) Nombrar y separar a los miembros del Gobierno, a propuesta de su Presidente.

f) Expedir los decretos acordados en el Consejo de Ministros, conferir los empleos civiles y militares y conceder honores y distinciones con arreglo a las leyes.

g) Ser informado de los asuntos de Estado y presidir, a estos efectos, las sesiones del Consejo de Ministros, cuando lo estime oportuno, a petición del Presidente del Gobierno.

h) El mando supremo de las Fuerzas Armadas.

i) Ejercer el derecho de gracia con arreglo a la ley, que no podrá autorizar indultos generales.

j) El Alto Patronazgo de las Reales Academias.

(4) Nº de lecturas/ Fecha programada próxima lectura	**Nº ………..** **Fecha …./…./….**
(5) PREGUNTAS TRAS LAS LECTURAS	
(5.1.) ¿Cuál es el supuesto de hecho para que se dé la consecuencia jurídica?	**(5.2.) ¿Qué consecuencia pasa o sucede si se da el supuesto de hecho?**
(6) Nº de contestaciones total a todas las preguntas/ Fecha programada próxima contestación a todas las preguntas	**Nº ………..** **Fecha …./…./….**
(7) ESQUEMA	**(9) RESUMEN**

(8) Nº de repasos esquema/Fecha programada próximo repaso esquema	Nº .... Fecha ..../..../....	(10) Nº de repasos resumen/Fecha programada próximo repaso resumen	Nº .... Fecha ..../..../....
(11) TUS REGLAS NEMOTÉCNICAS			

(12) AMPLIACIÓN DEL CONTENIDO: PRECEPTOS DE ESTA NORMA/PRECEPTOS DE OTRAS NORMAS/DOCTRINA: SENTENCIAS O RESOLUCIONES DE ÓRGANOS CONSULTIVOS/NOTAS

(13) Nº de repasos/ Fecha programada próximo repaso ampliación contenido	Nº .... Fecha ..../...../...

(14) MODIFICACIONES AL PRECEPTO/DECLARACIÓN DE NULIDAD

(15) Incorporación a texto y programación arriba	SI/NO

☛ Artículo 63

Tema (1)	
Epígrafe (2)	
Artículos relacionados (3)	

1. El Rey acredita a los embajadores y otros representantes diplomáticos. Los representantes extranjeros en España están acreditados ante él.

2. Al Rey corresponde manifestar el consentimiento del Estado para obligarse internacionalmente por medio de tratados, de conformidad con la Constitución y las leyes.

3. Al Rey corresponde, previa autorización de las Cortes Generales, declarar la guerra y hacer la paz.

(4) Nº de lecturas/ Fecha programada próxima lectura	Nº .... Fecha ..../..../....

(5) PREGUNTAS TRAS LAS LECTURAS	
(5.1.) ¿Cuál es el supuesto de hecho para que se dé la consecuencia jurídica?	(5.2.) ¿Qué consecuencia pasa o sucede si se da el supuesto de hecho?
(6) Nº de contestaciones total a todas las preguntas/ Fecha programada próxima contestación a todas las preguntas	Nº .... Fecha ..../..../....
(7) ESQUEMA	(9) RESUMEN

(8) Nº de repasos esquema/Fecha programada próximo repaso esquema	Nº .... Fecha ..../..../....	(10) Nº de repasos resumen/Fecha programada próximo repaso resumen	Nº .... Fecha ..../..../....
(11) TUS REGLAS NEMOTÉCNICAS			

(12) AMPLIACIÓN DEL CONTENIDO: PRECEPTOS DE ESTA NORMA/PRECEPTOS DE OTRAS NORMAS/DOCTRINA: SENTENCIAS O RESOLUCIONES DE ÓRGANOS CONSULTIVOS/NOTAS

(13) Nº de repasos/ Fecha programada próximo repaso ampliación contenido	Nº .... Fecha ..../...../...
(14) MODIFICACIONES AL PRECEPTO/DECLARACIÓN DE NULIDAD	
(15) Incorporación a texto y programación arriba	SI/NO

Artículo 64

Tema (1)	
Epígrafe (2)	
Artículos relacionados (3)	

1. Los actos del Rey serán refrendados por el Presidente del Gobierno y, en su caso, por los Ministros competentes. La propuesta y el nombramiento del Presidente del Gobierno, y la disolución prevista en el artículo 99, serán refrendados por el Presidente del Congreso.

2. De los actos del Rey serán responsables las personas que los refrenden.

(4) Nº de lecturas/ Fecha programada próxima lectura	Nº .... Fecha ..../..../....

(5) PREGUNTAS TRAS LAS LECTURAS	
(5.1.) ¿Cuál es el supuesto de hecho para que se dé la consecuencia jurídica?	(5.2.) ¿Qué consecuencia pasa o sucede si se da el supuesto de hecho?

(6) Nº de contestaciones total a todas las preguntas/ Fecha programada próxima contestación a todas las preguntas	Nº .... Fecha ..../..../....

(7) ESQUEMA	(9) RESUMEN

(8) Nº de repasos esquema/Fecha programada próximo repaso esquema	Nº .... Fecha ..../..../....	(10) Nº de repasos resumen/Fecha programada próximo repaso resumen	Nº .... Fecha ..../..../....

(11) TUS REGLAS NEMOTÉCNICAS	

(12) AMPLIACIÓN DEL CONTENIDO: PRECEPTOS DE ESTA NORMA/PRECEPTOS DE OTRAS NORMAS/DOCTRINA: SENTENCIAS O RESOLUCIONES DE ÓRGANOS CONSULTIVOS/NOTAS

(13) Nº de repasos/ Fecha programada próximo repaso ampliación contenido	Nº .... Fecha ..../...../...

(14) MODIFICACIONES AL PRECEPTO/DECLARACIÓN DE NULIDAD

(15) Incorporación a texto y programación arriba	SI/NO

☛ Artículo 65

Tema (1)	
Epígrafe (2)	
Artículos relacionados (3)	

1. El Rey recibe de los Presupuestos del Estado una cantidad global para el sostenimiento de su Familia y Casa, y distribuye libremente la misma.

2. El Rey nombra y releva libremente a los miembros civiles y militares de su Casa.

(4) Nº de lecturas/ Fecha programada próxima lectura	Nº .... Fecha ..../..../....

(5) PREGUNTAS TRAS LAS LECTURAS	
(5.1.) ¿Cuál es el supuesto de hecho para que se dé la consecuencia jurídica?	(5.2.) ¿Qué consecuencia pasa o sucede si se da el supuesto de hecho?

(6) Nº de contestaciones total a todas las preguntas/ Fecha programada próxima contestación a todas las preguntas	Nº .... Fecha ..../..../....

(7) ESQUEMA		(9) RESUMEN	
(8) Nº de repasos esquema/Fecha programada próximo repaso esquema	Nº .... Fecha ..../..../....	(10) Nº de repasos resumen/Fecha programada próximo repaso resumen	Nº .... Fecha ..../..../....

(11) TUS REGLAS NEMOTÉCNICAS	

(12) AMPLIACIÓN DEL CONTENIDO: PRECEPTOS DE ESTA NORMA/PRECEPTOS DE OTRAS NORMAS/DOCTRINA: SENTENCIAS O RESOLUCIONES DE ÓRGANOS CONSULTIVOS/NOTAS

(13) Nº de repasos/ Fecha programada próximo repaso ampliación contenido	Nº .... Fecha ..../...../...

(14) MODIFICACIONES AL PRECEPTO/DECLARACIÓN DE NULIDAD

(15) Incorporación a texto y programación arriba	SI/NO

TÍTULO III

De las Cortes Generales

CAPÍTULO PRIMERO

De las Cámaras

☛ Artículo 66

Tema (1)	
Epígrafe (2)	
Artículos relacionados (3)	

1. Las Cortes Generales representan al pueblo español y están formadas por el Congreso de los Diputados y el Senado.

2. Las Cortes Generales ejercen la potestad legislativa del Estado, aprueban sus Presupuestos, controlan la acción del Gobierno y tienen las demás competencias que les atribuya la Constitución.

3. Las Cortes Generales son inviolables.

(4) Nº de lecturas/ Fecha programada próxima lectura	**Nº ....** **Fecha ..../..../....**
(5) PREGUNTAS TRAS LAS LECTURAS	
(5.1.) ¿Cuál es el supuesto de hecho para que se dé la consecuencia jurídica?	**(5.2.) ¿Qué consecuencia pasa o sucede si se da el supuesto de hecho?**

(6) Nº de contestaciones total a todas las preguntas/ Fecha programada próxima contestación a todas las preguntas	Nº .... Fecha ..../..../....

(7) ESQUEMA	(9) RESUMEN

(8) Nº de repasos esquema/Fecha programada próximo repaso esquema	Nº .... Fecha ..../..../....	(10) Nº de repasos resumen/Fecha programada próximo repaso resumen	Nº .... Fecha ..../..../....

(11) TUS REGLAS NEMOTÉCNICAS	

(12) AMPLIACIÓN DEL CONTENIDO: PRECEPTOS DE ESTA NORMA/PRECEPTOS DE OTRAS NORMAS/DOCTRINA: SENTENCIAS O RESOLUCIONES DE ÓRGANOS CONSULTIVOS/NOTAS	
(13) Nº de repasos/ Fecha programada próximo repaso ampliación contenido	Nº .... Fecha ..../...../...
(14) MODIFICACIONES AL PRECEPTO/DECLARACIÓN DE NULIDAD	
(15) Incorporación a texto y programación arriba	SI/NO

☛ Artículo 67

Tema (1)	
Epígrafe (2)	
Artículos relacionados (3)	

1. Nadie podrá ser miembro de las dos Cámaras simultáneamente, ni acumular el acta de una Asamblea de Comunidad Autónoma con la de Diputado al Congreso.

2. Los miembros de las Cortes Generales no estarán ligados por mandato imperativo.

3. Las reuniones de Parlamentarios que se celebren sin convocatoria reglamentaria no vincularán a las Cámaras, y no podrán ejercer sus funciones ni ostentar sus privilegios.

(4) Nº de lecturas/ Fecha programada próxima lectura	Nº .... Fecha ..../..../....
(5) PREGUNTAS TRAS LAS LECTURAS	

(5.1.) ¿Cuál es el supuesto de hecho para que se dé la consecuencia jurídica?	(5.2.) ¿Qué consecuencia pasa o sucede si se da el supuesto de hecho?

(6) Nº de contestaciones total a todas las preguntas/ Fecha programada próxima contestación a todas las preguntas	Nº .... Fecha ..../..../....

(7) ESQUEMA	(9) RESUMEN

(8) Nº de repasos esquema/Fecha programada próximo repaso esquema	Nº .... Fecha ..../..../....	(10) Nº de repasos resumen/Fecha programada próximo repaso resumen	Nº .... Fecha ..../..../....

(11) TUS REGLAS NEMOTÉCNICAS	

(12) AMPLIACIÓN DEL CONTENIDO: PRECEPTOS DE ESTA NORMA/PRECEPTOS DE OTRAS NORMAS/DOCTRINA: SENTENCIAS O RESOLUCIONES DE ÓRGANOS CONSULTIVOS/NOTAS	
(13) Nº de repasos/ Fecha programada próximo repaso ampliación contenido	Nº .... Fecha ..../...../...
(14) MODIFICACIONES AL PRECEPTO/DECLARACIÓN DE NULIDAD	
(15) Incorporación a texto y programación arriba	SI/NO

Artículo 68

Tema (1)	
Epígrafe (2)	
Artículos relacionados (3)	

1. El Congreso se compone de un mínimo de 300 y un máximo de 400 Diputados, elegidos por sufragio universal, libre, igual, directo y secreto, en los términos que establezca la ley.

2. La circunscripción electoral es la provincia. Las poblaciones de Ceuta y Melilla estarán representadas cada una de ellas por un Diputado. La ley distribuirá el número total de Diputados, asignando una representación mínima inicial a cada circunscripción y distribuyendo los demás en proporción a la población.

3. La elección se verificará en cada circunscripción atendiendo a criterios de representación proporcional.

4. El Congreso es elegido por cuatro años. El mandato de los Diputados termina cuatro años después de su elección o el día de la disolución de la Cámara.

5. Son electores y elegibles todos los españoles que estén en pleno uso de sus derechos políticos.

La ley reconocerá y el Estado facilitará el ejercicio del derecho de sufragio a los españoles que se encuentren fuera del territorio de España.

6. Las elecciones tendrán lugar entre los treinta días y sesenta días desde la terminación del mandato. El Congreso electo deberá ser convocado dentro de los veinticinco días siguientes a la celebración de las elecciones.

<table>
<tr><td colspan="2">(4) Nº de lecturas/ Fecha programada próxima lectura</td><td>Nº ....
Fecha ..../..../....</td></tr>
<tr><td colspan="3">(5) PREGUNTAS TRAS LAS LECTURAS</td></tr>
<tr><td colspan="3"></td></tr>
<tr><td>(5.1.) ¿Cuál es el supuesto de hecho para que se dé la consecuencia jurídica?</td><td colspan="2">(5.2.) ¿Qué consecuencia pasa o sucede si se da el supuesto de hecho?</td></tr>
<tr><td></td><td colspan="2"></td></tr>
<tr><td colspan="2">(6) Nº de contestaciones total a todas las preguntas/
Fecha programada próxima contestación a todas las preguntas</td><td>Nº ....
Fecha ..../..../....</td></tr>
<tr><td>(7) ESQUEMA</td><td colspan="2">(9) RESUMEN</td></tr>
<tr><td></td><td colspan="2"></td></tr>
</table>

(8) Nº de repasos esquema/Fecha programada próximo repaso esquema	Nº .... Fecha ..../..../....	(10) Nº de repasos resumen/Fecha programada próximo repaso resumen	Nº .... Fecha ..../..../....
(11) TUS REGLAS NEMOTÉCNICAS			

(12) AMPLIACIÓN DEL CONTENIDO: PRECEPTOS DE ESTA NORMA/PRECEPTOS DE OTRAS NORMAS/DOCTRINA: SENTENCIAS O RESOLUCIONES DE ÓRGANOS CONSULTIVOS/NOTAS

(13) Nº de repasos/ Fecha programada próximo repaso ampliación contenido	Nº .... Fecha ..../...../...
(14) MODIFICACIONES AL PRECEPTO/DECLARACIÓN DE NULIDAD	
(15) Incorporación a texto y programación arriba	SI/NO

Artículo 69

Tema (1)	
Epígrafe (2)	
Artículos relacionados (3)	

1. El Senado es la Cámara de representación territorial.

2. En cada provincia se elegirán cuatro Senadores por sufragio universal, libre, igual, directo y secreto por los votantes de cada una de ellas, en los términos que señale una ley orgánica.

3. En las provincias insulares, cada isla o agrupación de ellas, con Cabildo o Consejo Insular, constituirá una circunscripción a efectos de elección de Senadores, correspondiendo tres a cada una de las islas mayores –Gran Canaria, Mallorca y Tenerife– y uno a cada una de las siguientes islas o agrupaciones: Ibiza-Formentera, Menorca, Fuerteventura, Gomera, Hierro, Lanzarote y La Palma.

4. Las poblaciones de Ceuta y Melilla elegirán cada una de ellas dos Senadores.

5. Las Comunidades Autónomas designarán además un Senador y otro más por cada millón de habitantes de su respectivo territorio. La designación corresponderá a la Asamblea legislativa o, en su defecto, al órgano colegiado superior de la Comunidad Autónoma, de acuerdo con lo que establezcan los Estatutos, que asegurarán, en todo caso, la adecuada representación proporcional.

6. El Senado es elegido por cuatro años. El mandato de los Senadores termina cuatro años después de su elección o el día de la disolución de la Cámara.

(4) Nº de lecturas/ Fecha programada próxima lectura	**Nº ....** **Fecha ..../..../....**
(5) PREGUNTAS TRAS LAS LECTURAS	
(5.1.) ¿Cuál es el supuesto de hecho para que se dé la consecuencia jurídica?	**(5.2.) ¿Qué consecuencia pasa o sucede si se da el supuesto de hecho?**
(6) Nº de contestaciones total a todas las preguntas/ Fecha programada próxima contestación a todas las preguntas	**Nº ....** **Fecha ..../..../....**
(7) ESQUEMA	**(9) RESUMEN**

(8) Nº de repasos esquema/Fecha programada próximo repaso esquema	Nº .... Fecha ..../..../....	(10) Nº de repasos resumen/Fecha programada próximo repaso resumen	Nº .... Fecha ..../..../....
(11) TUS REGLAS NEMOTÉCNICAS			

(12) AMPLIACIÓN DEL CONTENIDO: PRECEPTOS DE ESTA NORMA/PRECEPTOS DE OTRAS NORMAS/DOCTRINA: SENTENCIAS O RESOLUCIONES DE ÓRGANOS CONSULTIVOS/NOTAS

(13) Nº de repasos/ Fecha programada próximo repaso ampliación contenido	Nº .... Fecha ..../...../...
(14) MODIFICACIONES AL PRECEPTO/DECLARACIÓN DE NULIDAD	
(15) Incorporación a texto y programación arriba	SI/NO

Artículo 70

Tema (1)	
Epígrafe (2)	
Artículos relacionados (3)	

1. La ley electoral determinará las causas de inelegibilidad e incompatibilidad de los Diputados y Senadores, que comprenderán, en todo caso:

a) A los componentes del Tribunal Constitucional.

b) A los altos cargos de la Administración del Estado que determine la ley, con la excepción de los miembros del Gobierno.

c) Al Defensor del Pueblo.

d) A los Magistrados, Jueces y Fiscales en activo.

e) A los militares profesionales y miembros de las Fuerzas y Cuerpos de Seguridad y Policía en activo.

f) A los miembros de las Juntas Electorales.

2. La validez de las actas y credenciales de los miembros de ambas Cámaras estará sometida al control judicial, en los términos que establezca la ley electoral.

<table>
<tr><td colspan="2">(4) Nº de lecturas/ Fecha programada próxima lectura</td><td>Nº ....
Fecha ..../..../....</td></tr>
<tr><td colspan="3">(5) PREGUNTAS TRAS LAS LECTURAS</td></tr>
<tr><td colspan="3"></td></tr>
<tr><td>(5.1.) ¿Cuál es el supuesto de hecho para que se dé la consecuencia jurídica?</td><td colspan="2">(5.2.) ¿Qué consecuencia pasa o sucede si se da el supuesto de hecho?</td></tr>
<tr><td></td><td colspan="2"></td></tr>
<tr><td colspan="2">(6) Nº de contestaciones total a todas las preguntas/
Fecha programada próxima contestación a todas las preguntas</td><td>Nº ....
Fecha ..../..../....</td></tr>
<tr><td>(7) ESQUEMA</td><td colspan="2">(9) RESUMEN</td></tr>
<tr><td></td><td colspan="2"></td></tr>
</table>

(8) Nº de repasos esquema/Fecha programada próximo repaso esquema	Nº .... Fecha ..../..../....	(10) Nº de repasos resumen/Fecha programada próximo repaso resumen	Nº .... Fecha ..../..../....
(11) TUS REGLAS NEMOTÉCNICAS			
(12) AMPLIACIÓN DEL CONTENIDO: PRECEPTOS DE ESTA NORMA/PRECEPTOS DE OTRAS NORMAS/DOCTRINA: SENTENCIAS O RESOLUCIONES DE ÓRGANOS CONSULTIVOS/NOTAS			
(13) Nº de repasos/ Fecha programada próximo repaso ampliación contenido			Nº .... Fecha ..../...../...
(14) MODIFICACIONES AL PRECEPTO/DECLARACIÓN DE NULIDAD			
(15) Incorporación a texto y programación arriba			SI/NO

☛ Artículo 71

Tema (1)	
Epígrafe (2)	
Artículos relacionados (3)	

1. Los Diputados y Senadores gozarán de inviolabilidad por las opiniones manifestadas en el ejercicio de sus funciones.

2. Durante el período de su mandato los Diputados y Senadores gozarán asimismo de inmunidad y sólo podrán ser detenidos en caso de flagrante delito. No podrán ser inculpados ni procesados sin la previa autorización de la Cámara respectiva.

3. En las causas contra Diputados y Senadores será competente la Sala de lo Penal del Tribunal Supremo.

4. Los Diputados y Senadores percibirán una asignación que será fijada por las respectivas Cámaras.

<table>
<tr><td colspan="2">(4) Nº de lecturas/ Fecha programada próxima lectura</td><td>Nº ....
Fecha ..../..../....</td></tr>
<tr><td colspan="3">(5) PREGUNTAS TRAS LAS LECTURAS</td></tr>
<tr><td colspan="3"></td></tr>
<tr><td>(5.1.) ¿Cuál es el supuesto de hecho para que se dé la consecuencia jurídica?</td><td colspan="2">(5.2.) ¿Qué consecuencia pasa o sucede si se da el supuesto de hecho?</td></tr>
<tr><td></td><td colspan="2"></td></tr>
<tr><td colspan="2">(6) Nº de contestaciones total a todas las preguntas/
Fecha programada próxima contestación a todas las preguntas</td><td>Nº ....
Fecha ..../..../....</td></tr>
<tr><td>(7) ESQUEMA</td><td colspan="2">(9) RESUMEN</td></tr>
<tr><td></td><td colspan="2"></td></tr>
</table>

(8) Nº de repasos esquema/Fecha programada próximo repaso esquema	Nº .... Fecha ..../..../....	(10) Nº de repasos resumen/Fecha programada próximo repaso resumen	Nº .... Fecha ..../..../....
(11) TUS REGLAS NEMOTÉCNICAS			
(12) AMPLIACIÓN DEL CONTENIDO: PRECEPTOS DE ESTA NORMA/PRECEPTOS DE OTRAS NORMAS/DOCTRINA: SENTENCIAS O RESOLUCIONES DE ÓRGANOS CONSULTIVOS/NOTAS			
(13) Nº de repasos/ Fecha programada próximo repaso ampliación contenido			Nº .... Fecha ..../...../...
(14) MODIFICACIONES AL PRECEPTO/DECLARACIÓN DE NULIDAD			
(15) Incorporación a texto y programación arriba			SI/NO

☛ Artículo 72

Tema (1)	
Epígrafe (2)	
Artículos relacionados (3)	

1. Las Cámaras establecen sus propios Reglamentos, aprueban autónomamente sus presupuestos y, de común acuerdo, regulan el Estatuto del Personal de las Cortes Generales. Los Reglamentos y su reforma serán sometidos a una votación final sobre su totalidad, que requerirá la mayoría absoluta.

2. Las Cámaras eligen sus respectivos Presidentes y los demás miembros de sus Mesas. Las sesiones conjuntas serán presididas por el Presidente del Congreso y se regirán por un Reglamento de las Cortes Generales aprobado por mayoría absoluta de cada Cámara.

3. Los Presidentes de las Cámaras ejercen en nombre de las mismas todos los poderes administrativos y facultades de policía en el interior de sus respectivas sedes.

(4) Nº de lecturas/ Fecha programada próxima lectura	**Nº ....** **Fecha ..../..../....**
(5) PREGUNTAS TRAS LAS LECTURAS	
(5.1.) ¿Cuál es el supuesto de hecho para que se dé la consecuencia jurídica?	**(5.2.) ¿Qué consecuencia pasa o sucede si se da el supuesto de hecho?**
(6) Nº de contestaciones total a todas las preguntas/ Fecha programada próxima contestación a todas las preguntas	**Nº ....** **Fecha ..../..../....**
(7) ESQUEMA	**(9) RESUMEN**

(8) Nº de repasos esquema/Fecha programada próximo repaso esquema	Nº .... Fecha ..../..../....	(10) Nº de repasos resumen/Fecha programada próximo repaso resumen	Nº .... Fecha ..../..../....
(11) TUS REGLAS NEMOTÉCNICAS			
(12) AMPLIACIÓN DEL CONTENIDO: PRECEPTOS DE ESTA NORMA/PRECEPTOS DE OTRAS NORMAS/DOCTRINA: SENTENCIAS O RESOLUCIONES DE ÓRGANOS CONSULTIVOS/NOTAS			
(13) Nº de repasos/ Fecha programada próximo repaso ampliación contenido			Nº .... Fecha ..../...../...
(14) MODIFICACIONES AL PRECEPTO/DECLARACIÓN DE NULIDAD			
(15) Incorporación a texto y programación arriba			SI/NO

Artículo 73

Tema (1)	
Epígrafe (2)	
Artículos relacionados (3)	

1. Las Cámaras se reunirán anualmente en dos períodos ordinarios de sesiones: el primero, de septiembre a diciembre, y el segundo, de febrero a junio.

2. Las Cámaras podrán reunirse en sesiones extraordinarias a petición del Gobierno, de la Diputación Permanente o de la mayoría absoluta de los miembros de cualquiera de las Cámaras.

Las sesiones extraordinarias deberán convocarse sobre un orden del día determinado y serán clausuradas una vez que éste haya sido agotado.

<table>
<tr><td>(4) Nº de lecturas/ Fecha programada próxima lectura</td><td colspan="2">Nº ....
Fecha ..../..../....</td></tr>
<tr><td colspan="3">(5) PREGUNTAS TRAS LAS LECTURAS</td></tr>
<tr><td colspan="3"></td></tr>
<tr><td>(5.1.) ¿Cuál es el supuesto de hecho para que se dé la consecuencia jurídica?</td><td colspan="2">(5.2.) ¿Qué consecuencia pasa o sucede si se da el supuesto de hecho?</td></tr>
<tr><td></td><td colspan="2"></td></tr>
<tr><td colspan="2">(6) Nº de contestaciones total a todas las preguntas/
Fecha programada próxima contestación a todas las preguntas</td><td>Nº ....
Fecha ..../..../....</td></tr>
<tr><td>(7) ESQUEMA</td><td colspan="2">(9) RESUMEN</td></tr>
<tr><td></td><td colspan="2"></td></tr>
</table>

(8) Nº de repasos esquema/Fecha programada próximo repaso esquema	Nº .... Fecha ..../..../....	(10) Nº de repasos resumen/Fecha programada próximo repaso resumen	Nº .... Fecha ..../..../....
(11) TUS REGLAS NEMOTÉCNICAS			
(12) AMPLIACIÓN DEL CONTENIDO: PRECEPTOS DE ESTA NORMA/PRECEPTOS DE OTRAS NORMAS/DOCTRINA: SENTENCIAS O RESOLUCIONES DE ÓRGANOS CONSULTIVOS/NOTAS			
(13) Nº de repasos/ Fecha programada próximo repaso ampliación contenido			Nº .... Fecha ..../...../...
(14) MODIFICACIONES AL PRECEPTO/DECLARACIÓN DE NULIDAD			
(15) Incorporación a texto y programación arriba			SI/NO

☛ Artículo 74

Tema (1)	
Epígrafe (2)	
Artículos relacionados (3)	

1. Las Cámaras se reunirán en sesión conjunta para ejercer las competencias no legislativas que el Título II atribuye expresamente a las Cortes Generales.

2. Las decisiones de las Cortes Generales previstas en los artículos 94, 1, 145, 2 y 158, 2, se adoptarán por mayoría de cada una de las Cámaras. En el primer caso, el procedimiento se iniciará

por el Congreso, y en los otros dos, por el Senado. En ambos casos, si no hubiera acuerdo entre Senado y Congreso, se intentará obtener por una Comisión Mixta compuesta de igual número de Diputados y Senadores. La Comisión presentará un texto que será votado por ambas Cámaras. Si no se aprueba en la forma establecida, decidirá el Congreso por mayoría absoluta.

<table>
<tr><td colspan="2">(4) Nº de lecturas/ Fecha programada próxima lectura</td><td>Nº ....
Fecha ..../..../....</td></tr>
<tr><td colspan="3">(5) PREGUNTAS TRAS LAS LECTURAS</td></tr>
<tr><td colspan="3"></td></tr>
<tr><td>(5.1.) ¿Cuál es el supuesto de hecho para que se dé la consecuencia jurídica?</td><td colspan="2">(5.2.) ¿Qué consecuencia pasa o sucede si se da el supuesto de hecho?</td></tr>
<tr><td></td><td colspan="2"></td></tr>
<tr><td colspan="2">(6) Nº de contestaciones total a todas las preguntas/
Fecha programada próxima contestación a todas las preguntas</td><td>Nº ....
Fecha ..../..../....</td></tr>
<tr><td>(7) ESQUEMA</td><td colspan="2">(9) RESUMEN</td></tr>
<tr><td></td><td colspan="2"></td></tr>
</table>

(8) Nº de repasos esquema/Fecha programada próximo repaso esquema	Nº .... Fecha ..../..../....	(10) Nº de repasos resumen/Fecha programada próximo repaso resumen	Nº .... Fecha ..../..../....
(11) TUS REGLAS NEMOTÉCNICAS			
(12) AMPLIACIÓN DEL CONTENIDO: PRECEPTOS DE ESTA NORMA/PRECEPTOS DE OTRAS NORMAS/DOCTRINA: SENTENCIAS O RESOLUCIONES DE ÓRGANOS CONSULTIVOS/NOTAS			
(13) Nº de repasos/ Fecha programada próximo repaso ampliación contenido			Nº .... Fecha ..../...../...
(14) MODIFICACIONES AL PRECEPTO/DECLARACIÓN DE NULIDAD			
(15) Incorporación a texto y programación arriba			SI/NO

☛ Artículo 75

Tema (1)	
Epígrafe (2)	
Artículos relacionados (3)	

1. Las Cámaras funcionarán en Pleno y por Comisiones.

2. Las Cámaras podrán delegar en las Comisiones Legislativas Permanentes la aprobación de proyectos o proposiciones de ley. El Pleno podrá, no obstante, recabar en cualquier momento el debate y votación de cualquier proyecto o proposición de ley que haya sido objeto de esta delegación.

3. Quedan exceptuados de lo dispuesto en el apartado anterior la reforma constitucional, las cuestiones internacionales, las leyes orgánicas y de bases y los Presupuestos Generales del Estado.

<table>
<tr><td colspan="2">(4) Nº de lecturas/ Fecha programada próxima lectura</td><td>Nº ....
Fecha ..../..../....</td></tr>
<tr><td colspan="3">(5) PREGUNTAS TRAS LAS LECTURAS</td></tr>
<tr><td colspan="3"></td></tr>
<tr><td>(5.1.) ¿Cuál es el supuesto de hecho para que se dé la consecuencia jurídica?</td><td colspan="2">(5.2.) ¿Qué consecuencia pasa o sucede si se da el supuesto de hecho?</td></tr>
<tr><td></td><td colspan="2"></td></tr>
<tr><td colspan="2">(6) Nº de contestaciones total a todas las preguntas/
Fecha programada próxima contestación a todas las preguntas</td><td>Nº ....
Fecha ..../..../....</td></tr>
<tr><td>(7) ESQUEMA</td><td colspan="2">(9) RESUMEN</td></tr>
<tr><td></td><td colspan="2"></td></tr>
</table>

(8) Nº de repasos esquema/Fecha programada próximo repaso esquema	Nº .... Fecha ..../..../....	(10) Nº de repasos resumen/Fecha programada próximo repaso resumen	Nº .... Fecha ..../..../....
(11) TUS REGLAS NEMOTÉCNICAS			
(12) AMPLIACIÓN DEL CONTENIDO: PRECEPTOS DE ESTA NORMA/PRECEPTOS DE OTRAS NORMAS/DOCTRINA: SENTENCIAS O RESOLUCIONES DE ÓRGANOS CONSULTIVOS/NOTAS			
(13) Nº de repasos/ Fecha programada próximo repaso ampliación contenido			Nº .... Fecha ..../...../...
(14) MODIFICACIONES AL PRECEPTO/DECLARACIÓN DE NULIDAD			
(15) Incorporación a texto y programación arriba			SI/NO

Artículo 76

Tema (1)	
Epígrafe (2)	
Artículos relacionados (3)	

1. El Congreso y el Senado, y, en su caso, ambas Cámaras conjuntamente, podrán nombrar Comisiones de investigación sobre cualquier asunto de interés público. Sus conclusiones no serán vinculantes para los Tribunales, ni afectarán a las resoluciones judiciales, sin perjuicio de que el resultado de la investigación sea comunicado al Ministerio Fiscal para el ejercicio, cuando proceda, de las acciones oportunas.

2. Será obligatorio comparecer a requerimiento de las Cámaras. La ley regulará las sanciones que puedan imponerse por incumplimiento de esta obligación.

(4) Nº de lecturas/ Fecha programada próxima lectura	Nº ……….. Fecha …./…./….

(5) PREGUNTAS TRAS LAS LECTURAS

(5.1.) ¿Cuál es el supuesto de hecho para que se dé la consecuencia jurídica?	(5.2.) ¿Qué consecuencia pasa o sucede si se da el supuesto de hecho?

(6) Nº de contestaciones total a todas las preguntas/ Fecha programada próxima contestación a todas las preguntas	Nº ……….. Fecha …./…./….

(7) ESQUEMA	(9) RESUMEN

(8) Nº de repasos esquema/Fecha programada próximo repaso esquema	Nº ……….. Fecha …./…./….	(10) Nº de repasos resumen/Fecha programada próximo repaso resumen	Nº ……….. Fecha …./…./….

(11) TUS REGLAS NEMOTÉCNICAS	

(12) AMPLIACIÓN DEL CONTENIDO: PRECEPTOS DE ESTA NORMA/PRECEPTOS DE OTRAS NORMAS/DOCTRINA: SENTENCIAS O RESOLUCIONES DE ÓRGANOS CONSULTIVOS/NOTAS

(13) Nº de repasos/ Fecha programada próximo repaso ampliación contenido	Nº .... Fecha ..../...../...

(14) MODIFICACIONES AL PRECEPTO/DECLARACIÓN DE NULIDAD

(15) Incorporación a texto y programación arriba	SI/NO

Artículo 77

Tema (1)	
Epígrafe (2)	
Artículos relacionados (3)	

1. Las Cámaras pueden recibir peticiones individuales y colectivas, siempre por escrito, quedando prohibida la presentación directa por manifestaciones ciudadanas.

2. Las Cámaras pueden remitir al Gobierno las peticiones que reciban. El Gobierno está obligado a explicarse sobre su contenido, siempre que las Cámaras lo exijan.

(4) Nº de lecturas/ Fecha programada próxima lectura	Nº .... Fecha ..../..../....

(5) PREGUNTAS TRAS LAS LECTURAS	
(5.1.) ¿Cuál es el supuesto de hecho para que se dé la consecuencia jurídica?	(5.2.) ¿Qué consecuencia pasa o sucede si se da el supuesto de hecho?

(6) Nº de contestaciones total a todas las preguntas/ Fecha programada próxima contestación a todas las preguntas	Nº ……….. Fecha …./…./….

(7) ESQUEMA		(9) RESUMEN	
(8) Nº de repasos esquema/Fecha programada próximo repaso esquema	Nº ……….. Fecha …./…./….	(10) Nº de repasos resumen/Fecha programada próximo repaso resumen	Nº ……….. Fecha …./…./….

(11) TUS REGLAS NEMOTÉCNICAS	
(12) AMPLIACIÓN DEL CONTENIDO: PRECEPTOS DE ESTA NORMA/PRECEPTOS DE OTRAS NORMAS/DOCTRINA: SENTENCIAS O RESOLUCIONES DE ÓRGANOS CONSULTIVOS/NOTAS	
(13) Nº de repasos/ Fecha programada próximo repaso ampliación contenido	Nº .... Fecha ..../...../...
(14) MODIFICACIONES AL PRECEPTO/DECLARACIÓN DE NULIDAD	
(15) Incorporación a texto y programación arriba	SI/NO

☛ Artículo 78

Tema (1)	
Epígrafe (2)	
Artículos relacionados (3)	

1. En cada Cámara habrá una Diputación Permanente compuesta por un mínimo de veintiún miembros, que representarán a los grupos parlamentarios, en proporción a su importancia numérica.

2. Las Diputaciones Permanentes estarán presididas por el Presidente de la Cámara respectiva y tendrán como funciones la prevista en el artículo 73, la de asumir las facultades que correspondan a las Cámaras, de acuerdo con los artículos 86 y 116, en caso de que éstas hubieren sido disueltas o hubiere expirado su mandato y la de velar por los poderes de las Cámaras cuando éstas no estén reunidas.

3. Expirado el mandato o en caso de disolución, las Diputaciones Permanentes seguirán ejerciendo sus funciones hasta la constitución de las nuevas Cortes Generales.

4. Reunida la Cámara correspondiente, la Diputación Permanente dará cuenta de los asuntos tratados y de sus decisiones.

<table>
<tr><td colspan="2">(4) Nº de lecturas/ Fecha programada próxima lectura</td><td>Nº ……….
Fecha …./…./….</td></tr>
<tr><td colspan="3">(5) PREGUNTAS TRAS LAS LECTURAS</td></tr>
<tr><td colspan="3"></td></tr>
<tr><td>(5.1.) ¿Cuál es el supuesto de hecho para que se dé la consecuencia jurídica?</td><td colspan="2">(5.2.) ¿Qué consecuencia pasa o sucede si se da el supuesto de hecho?</td></tr>
<tr><td></td><td colspan="2"></td></tr>
<tr><td colspan="2">(6) Nº de contestaciones total a todas las preguntas/
Fecha programada próxima contestación a todas las preguntas</td><td>Nº ……….
Fecha …./…./….</td></tr>
<tr><td>(7) ESQUEMA</td><td colspan="2">(9) RESUMEN</td></tr>
<tr><td></td><td colspan="2"></td></tr>
</table>

(8) Nº de repasos esquema/Fecha programada próximo repaso esquema	Nº .... Fecha ..../..../....	(10) Nº de repasos resumen/Fecha programada próximo repaso resumen	Nº .... Fecha ..../..../....
(11) TUS REGLAS NEMOTÉCNICAS			

(12) AMPLIACIÓN DEL CONTENIDO: PRECEPTOS DE ESTA NORMA/PRECEPTOS DE OTRAS NORMAS/DOCTRINA: SENTENCIAS O RESOLUCIONES DE ÓRGANOS CONSULTIVOS/NOTAS

(13) Nº de repasos/ Fecha programada próximo repaso ampliación contenido	Nº .... Fecha ..../...../...
(14) MODIFICACIONES AL PRECEPTO/DECLARACIÓN DE NULIDAD	
(15) Incorporación a texto y programación arriba	SI/NO

☛ Artículo 79

Tema (1)	
Epígrafe (2)	
Artículos relacionados (3)	

1. Para adoptar acuerdos, las Cámaras deben estar reunidas reglamentariamente y con asistencia de la mayoría de sus miembros.

2. Dichos acuerdos, para ser válidos, deberán ser aprobados por la mayoría de los miembros presentes, sin perjuicio de las mayorías especiales que establezcan la Constitución o las leyes orgánicas y las que para elección de personas establezcan los Reglamentos de las Cámaras.

3. El voto de Senadores y Diputados es personal e indelegable.

(4) Nº de lecturas/ Fecha programada próxima lectura	**Nº ....** **Fecha ..../..../....**

(5) PREGUNTAS TRAS LAS LECTURAS

(5.1.) ¿Cuál es el supuesto de hecho para que se dé la consecuencia jurídica?	**(5.2.) ¿Qué consecuencia pasa o sucede si se da el supuesto de hecho?**

(6) Nº de contestaciones total a todas las preguntas/ Fecha programada próxima contestación a todas las preguntas	**Nº ....** **Fecha ..../..../....**

(7) ESQUEMA	**(9) RESUMEN**

(8) Nº de repasos esquema/Fecha programada próximo repaso esquema	Nº .... Fecha ..../..../....	(10) Nº de repasos resumen/Fecha programada próximo repaso resumen	Nº .... Fecha ..../..../....
(11) TUS REGLAS NEMOTÉCNICAS			

(12) AMPLIACIÓN DEL CONTENIDO: PRECEPTOS DE ESTA NORMA/PRECEPTOS DE OTRAS NORMAS/DOCTRINA: SENTENCIAS O RESOLUCIONES DE ÓRGANOS CONSULTIVOS/NOTAS

(13) Nº de repasos/ Fecha programada próximo repaso ampliación contenido	Nº .... Fecha ..../..../...
(14) MODIFICACIONES AL PRECEPTO/DECLARACIÓN DE NULIDAD	
(15) Incorporación a texto y programación arriba	SI/NO

☛ Artículo 80

Tema (1)	
Epígrafe (2)	
Artículos relacionados (3)	

Las sesiones plenarias de las Cámaras serán públicas, salvo acuerdo en contrario de cada Cámara, adoptado por mayoría absoluta o con arreglo al Reglamento.

(4) Nº de lecturas/ Fecha programada próxima lectura	Nº .... Fecha ..../..../....

(5) PREGUNTAS TRAS LAS LECTURAS

(5.1.) ¿Cuál es el supuesto de hecho para que se dé la consecuencia jurídica?	(5.2.) ¿Qué consecuencia pasa o sucede si se da el supuesto de hecho?

(6) Nº de contestaciones total a todas las preguntas/ Fecha programada próxima contestación a todas las preguntas	Nº .... Fecha ..../..../....

(7) ESQUEMA	(9) RESUMEN

(8) Nº de repasos esquema/Fecha programada próximo repaso esquema	Nº .... Fecha ..../..../....	(10) Nº de repasos resumen/Fecha programada próximo repaso resumen	Nº .... Fecha ..../..../....
(11) TUS REGLAS NEMOTÉCNICAS			
(12) AMPLIACIÓN DEL CONTENIDO: PRECEPTOS DE ESTA NORMA/PRECEPTOS DE OTRAS NORMAS/DOCTRINA: SENTENCIAS O RESOLUCIONES DE ÓRGANOS CONSULTIVOS/NOTAS			
(13) Nº de repasos/ Fecha programada próximo repaso ampliación contenido			Nº .... Fecha ..../...../...
(14) MODIFICACIONES AL PRECEPTO/DECLARACIÓN DE NULIDAD			
(15) Incorporación a texto y programación arriba			SI/NO

CAPÍTULO SEGUNDO

De la elaboración de las leyes

☛ Artículo 81

Tema (1)	
Epígrafe (2)	
Artículos relacionados (3)	

1. Son leyes orgánicas las relativas al desarrollo de los derechos fundamentales y de las libertades públicas, las que aprueben los Estatutos de Autonomía y el régimen electoral general y las demás previstas en la Constitución.

2. La aprobación, modificación o derogación de las leyes orgánicas exigirá mayoría absoluta del Congreso, en una votación final sobre el conjunto del proyecto.

(4) Nº de lecturas/ Fecha programada próxima lectura	Nº ……….. Fecha …./…./….

(5) PREGUNTAS TRAS LAS LECTURAS

(5.1.) ¿Cuál es el supuesto de hecho para que se dé la consecuencia jurídica?	(5.2.) ¿Qué consecuencia pasa o sucede si se da el supuesto de hecho?

(6) Nº de contestaciones total a todas las preguntas/ Fecha programada próxima contestación a todas las preguntas	Nº ……….. Fecha …./…./….

(7) ESQUEMA	(9) RESUMEN

(8) Nº de repasos esquema/Fecha programada próximo repaso esquema	Nº .... Fecha ..../..../....	(10) Nº de repasos resumen/Fecha programada próximo repaso resumen	Nº .... Fecha ..../..../....
(11) TUS REGLAS NEMOTÉCNICAS			
(12) AMPLIACIÓN DEL CONTENIDO: PRECEPTOS DE ESTA NORMA/PRECEPTOS DE OTRAS NORMAS/DOCTRINA: SENTENCIAS O RESOLUCIONES DE ÓRGANOS CONSULTIVOS/NOTAS			
(13) Nº de repasos/ Fecha programada próximo repaso ampliación contenido			Nº .... Fecha ..../...../...
(14) MODIFICACIONES AL PRECEPTO/DECLARACIÓN DE NULIDAD			
(15) Incorporación a texto y programación arriba			SI/NO

☛ Artículo 82

Tema (1)	
Epígrafe (2)	
Artículos relacionados (3)	

1. Las Cortes Generales podrán delegar en el Gobierno la potestad de dictar normas con rango de ley sobre materias determinadas no incluidas en el artículo anterior.

2. La delegación legislativa deberá otorgarse mediante una ley de bases cuando su objeto sea la formación de textos articulados o por una ley ordinaria cuando se trate de refundir varios textos legales en uno solo.

3. La delegación legislativa habrá de otorgarse al Gobierno de forma expresa para materia concreta y con fijación del plazo para su ejercicio. La delegación se agota por el uso que de ella haga el Gobierno mediante la publicación de la norma correspondiente. No podrá entenderse concedida

de modo implícito o por tiempo indeterminado. Tampoco podrá permitir la subdelegación a autoridades distintas del propio Gobierno.

4. Las leyes de bases delimitarán con precisión el objeto y alcance de la delegación legislativa y los principios y criterios que han de seguirse en su ejercicio.

5. La autorización para refundir textos legales determinará el ámbito normativo a que se refiere el contenido de la delegación, especificando si se circunscribe a la mera formulación de un texto único o si se incluye la de regularizar, aclarar y armonizar los textos legales que han de ser refundidos.

6. Sin perjuicio de la competencia propia de los Tribunales, las leyes de delegación podrán establecer en cada caso fórmulas adicionales de control.

<table>
<tr><td colspan="2">(4) Nº de lecturas/ Fecha programada próxima lectura</td><td>Nº ....
Fecha ..../..../....</td></tr>
<tr><td colspan="3">(5) PREGUNTAS TRAS LAS LECTURAS</td></tr>
<tr><td colspan="3"></td></tr>
<tr><td>(5.1.) ¿Cuál es el supuesto de hecho para que se dé la consecuencia jurídica?</td><td colspan="2">(5.2.) ¿Qué consecuencia pasa o sucede si se da el supuesto de hecho?</td></tr>
<tr><td></td><td colspan="2"></td></tr>
<tr><td colspan="2">(6) Nº de contestaciones total a todas las preguntas/
Fecha programada próxima contestación a todas las preguntas</td><td>Nº ....
Fecha ..../..../....</td></tr>
<tr><td>(7) ESQUEMA</td><td colspan="2">(9) RESUMEN</td></tr>
<tr><td></td><td colspan="2"></td></tr>
</table>

(8) Nº de repasos esquema/Fecha programada próximo repaso esquema	Nº .... Fecha ..../..../....	(10) Nº de repasos resumen/Fecha programada próximo repaso resumen	Nº .... Fecha ..../..../....
(11) TUS REGLAS NEMOTÉCNICAS			
(12) AMPLIACIÓN DEL CONTENIDO: PRECEPTOS DE ESTA NORMA/PRECEPTOS DE OTRAS NORMAS/DOCTRINA: SENTENCIAS O RESOLUCIONES DE ÓRGANOS CONSULTIVOS/NOTAS			
(13) Nº de repasos/ Fecha programada próximo repaso ampliación contenido			Nº .... Fecha ..../...../...
(14) MODIFICACIONES AL PRECEPTO/DECLARACIÓN DE NULIDAD			
(15) Incorporación a texto y programación arriba			SI/NO

☛ Artículo 83

Tema (1)	
Epígrafe (2)	
Artículos relacionados (3)	

Las leyes de bases no podrán en ningún caso:

a) Autorizar la modificación de la propia ley de bases.

b) Facultar para dictar normas con carácter retroactivo.

(4) Nº de lecturas/ Fecha programada próxima lectura	Nº .... Fecha ..../..../....

(5) PREGUNTAS TRAS LAS LECTURAS

(5.1.) ¿Cuál es el supuesto de hecho para que se dé la consecuencia jurídica?	(5.2.) ¿Qué consecuencia pasa o sucede si se da el supuesto de hecho?

(6) Nº de contestaciones total a todas las preguntas/ Fecha programada próxima contestación a todas las preguntas	Nº .... Fecha ..../..../....

(7) ESQUEMA	(9) RESUMEN

(8) Nº de repasos esquema/Fecha programada próximo repaso esquema	Nº .... Fecha ..../..../....	(10) Nº de repasos resumen/Fecha programada próximo repaso resumen	Nº .... Fecha ..../..../....
(11) TUS REGLAS NEMOTÉCNICAS			

(12) AMPLIACIÓN DEL CONTENIDO: PRECEPTOS DE ESTA NORMA/PRECEPTOS DE OTRAS NORMAS/DOCTRINA: SENTENCIAS O RESOLUCIONES DE ÓRGANOS CONSULTIVOS/NOTAS

(13) Nº de repasos/ Fecha programada próximo repaso ampliación contenido	Nº .... Fecha ..../...../...
(14) MODIFICACIONES AL PRECEPTO/DECLARACIÓN DE NULIDAD	
(15) Incorporación a texto y programación arriba	SI/NO

☛ Artículo 84

Tema (1)	
Epígrafe (2)	
Artículos relacionados (3)	

Cuando una proposición de ley o una enmienda fuere contraria a una delegación legislativa en vigor, el Gobierno está facultado para oponerse a su tramitación. En tal supuesto, podrá presentarse una proposición de ley para la derogación total o parcial de la ley de delegación.

<table>
<tr><td colspan="2">(4) Nº de lecturas/ Fecha programada próxima lectura</td><td>Nº ……….
Fecha …./…./….</td></tr>
<tr><td colspan="3">(5) PREGUNTAS TRAS LAS LECTURAS</td></tr>
<tr><td colspan="3"></td></tr>
<tr><td>(5.1.) ¿Cuál es el supuesto de hecho para que se dé la consecuencia jurídica?</td><td colspan="2">(5.2.) ¿Qué consecuencia pasa o sucede si se da el supuesto de hecho?</td></tr>
<tr><td></td><td colspan="2"></td></tr>
<tr><td colspan="2">(6) Nº de contestaciones total a todas las preguntas/
Fecha programada próxima contestación a todas las preguntas</td><td>Nº ……….
Fecha …./…./….</td></tr>
<tr><td>(7) ESQUEMA</td><td colspan="2">(9) RESUMEN</td></tr>
<tr><td></td><td colspan="2"></td></tr>
</table>

(8) Nº de repasos esquema/Fecha programada próximo repaso esquema	Nº .... Fecha ..../..../....	(10) Nº de repasos resumen/Fecha programada próximo repaso resumen	Nº .... Fecha ..../..../....
(11) TUS REGLAS NEMOTÉCNICAS			

(12) AMPLIACIÓN DEL CONTENIDO: PRECEPTOS DE ESTA NORMA/PRECEPTOS DE OTRAS NORMAS/DOCTRINA: SENTENCIAS O RESOLUCIONES DE ÓRGANOS CONSULTIVOS/NOTAS	
(13) Nº de repasos/ Fecha programada próximo repaso ampliación contenido	Nº .... Fecha ..../...../...
(14) MODIFICACIONES AL PRECEPTO/DECLARACIÓN DE NULIDAD	
(15) Incorporación a texto y programación arriba	SI/NO

☛ Artículo 85

Tema (1)	
Epígrafe (2)	
Artículos relacionados (3)	

Las disposiciones del Gobierno que contengan legislación delegada recibirán el título de Decretos Legislativos.

(4) Nº de lecturas/ Fecha programada próxima lectura	Nº .... Fecha ..../..../....

<table>
<tr><th colspan="2">(5) PREGUNTAS TRAS LAS LECTURAS</th></tr>
<tr><td colspan="2"></td></tr>
<tr><th>(5.1.) ¿Cuál es el supuesto de hecho para que se dé la consecuencia jurídica?</th><th>(5.2.) ¿Qué consecuencia pasa o sucede si se da el supuesto de hecho?</th></tr>
<tr><td></td><td></td></tr>
<tr><th>(6) Nº de contestaciones total a todas las preguntas/
Fecha programada próxima contestación a todas las preguntas</th><td>Nº ………..
Fecha ..../..../....</td></tr>
<tr><th>(7) ESQUEMA</th><th>(9) RESUMEN</th></tr>
<tr><td></td><td></td></tr>
</table>

(8) Nº de repasos esquema/Fecha programada próximo repaso esquema	Nº .... Fecha ..../..../....	(10) Nº de repasos resumen/Fecha programada próximo repaso resumen	Nº .... Fecha ..../..../....
(11) TUS REGLAS NEMOTÉCNICAS			
(12) AMPLIACIÓN DEL CONTENIDO: PRECEPTOS DE ESTA NORMA/PRECEPTOS DE OTRAS NORMAS/DOCTRINA: SENTENCIAS O RESOLUCIONES DE ÓRGANOS CONSULTIVOS/NOTAS			
(13) Nº de repasos/ Fecha programada próximo repaso ampliación contenido			Nº .... Fecha ..../...../...
(14) MODIFICACIONES AL PRECEPTO/DECLARACIÓN DE NULIDAD			
(15) Incorporación a texto y programación arriba			SI/NO

Artículo 86

Tema (1)	
Epígrafe (2)	
Artículos relacionados (3)	

1. En caso de extraordinaria y urgente necesidad, el Gobierno podrá dictar disposiciones legislativas provisionales que tomarán la forma de Decretos-leyes y que no podrán afectar al ordenamiento de las instituciones básicas del Estado, a los derechos, deberes y libertades de los ciudadanos regulados en el Título I, al régimen de las Comunidades Autónomas ni al Derecho electoral general.

2. Los Decretos-leyes deberán ser inmediatamente sometidos a debate y votación de totalidad al Congreso de los Diputados, convocado al efecto si no estuviere reunido, en el plazo de los treinta días siguientes a su promulgación. El Congreso habrá de pronunciarse expresamente dentro de

dicho plazo sobre su convalidación o derogación, para lo cual el Reglamento establecerá un procedimiento especial y sumario.

3. Durante el plazo establecido en el apartado anterior, las Cortes podrán tramitarlos como proyectos de ley por el procedimiento de urgencia.

<table>
<tr><td colspan="2">(4) Nº de lecturas/ Fecha programada próxima lectura</td><td>Nº ....
Fecha ..../..../....</td></tr>
<tr><td colspan="3">(5) PREGUNTAS TRAS LAS LECTURAS</td></tr>
<tr><td colspan="3"></td></tr>
<tr><td>(5.1.) ¿Cuál es el supuesto de hecho para que se dé la consecuencia jurídica?</td><td colspan="2">(5.2.) ¿Qué consecuencia pasa o sucede si se da el supuesto de hecho?</td></tr>
<tr><td></td><td colspan="2"></td></tr>
<tr><td colspan="2">(6) Nº de contestaciones total a todas las preguntas/
Fecha programada próxima contestación a todas las preguntas</td><td>Nº ....
Fecha ..../..../....</td></tr>
<tr><td>(7) ESQUEMA</td><td colspan="2">(9) RESUMEN</td></tr>
<tr><td></td><td colspan="2"></td></tr>
</table>

(8) Nº de repasos esquema/Fecha programada próximo repaso esquema	Nº .... Fecha ..../..../....	(10) Nº de repasos resumen/Fecha programada próximo repaso resumen	Nº .... Fecha ..../..../....
(11) TUS REGLAS NEMOTÉCNICAS			
(12) AMPLIACIÓN DEL CONTENIDO: PRECEPTOS DE ESTA NORMA/PRECEPTOS DE OTRAS NORMAS/DOCTRINA: SENTENCIAS O RESOLUCIONES DE ÓRGANOS CONSULTIVOS/NOTAS			
(13) Nº de repasos/ Fecha programada próximo repaso ampliación contenido			Nº .... Fecha ..../...../...
(14) MODIFICACIONES AL PRECEPTO/DECLARACIÓN DE NULIDAD			
(15) Incorporación a texto y programación arriba			SI/NO

☛ Artículo 87

Tema (1)	
Epígrafe (2)	
Artículos relacionados (3)	

1. La iniciativa legislativa corresponde al Gobierno, al Congreso y al Senado, de acuerdo con la Constitución y los Reglamentos de las Cámaras.

2. Las Asambleas de las Comunidades Autónomas podrán solicitar del Gobierno la adopción de un proyecto de ley o remitir a la Mesa del Congreso una proposición de ley, delegando ante dicha Cámara un máximo de tres miembros de la Asamblea encargados de su defensa.

3. Una ley orgánica regulará las formas de ejercicio y requisitos de la iniciativa popular para la presentación de proposiciones de ley. En todo caso se exigirán no menos de 500.000 firmas acreditadas. No procederá dicha iniciativa en materias propias de ley orgánica, tributarias o de carácter internacional, ni en lo relativo a la prerrogativa de gracia.

<table>
<tr><td colspan="2">(4) Nº de lecturas/ Fecha programada próxima lectura</td><td>Nº ....
Fecha ..../..../....</td></tr>
<tr><td colspan="3">(5) PREGUNTAS TRAS LAS LECTURAS</td></tr>
<tr><td colspan="3"></td></tr>
<tr><td>(5.1.) ¿Cuál es el supuesto de hecho para que se dé la consecuencia jurídica?</td><td colspan="2">(5.2.) ¿Qué consecuencia pasa o sucede si se da el supuesto de hecho?</td></tr>
<tr><td></td><td colspan="2"></td></tr>
<tr><td colspan="2">(6) Nº de contestaciones total a todas las preguntas/
Fecha programada próxima contestación a todas las preguntas</td><td>Nº ....
Fecha ..../..../....</td></tr>
<tr><td>(7) ESQUEMA</td><td colspan="2">(9) RESUMEN</td></tr>
<tr><td></td><td colspan="2"></td></tr>
</table>

(8) Nº de repasos esquema/Fecha programada próximo repaso esquema	Nº .... Fecha ..../..../....	(10) Nº de repasos resumen/Fecha programada próximo repaso resumen	Nº .... Fecha ..../..../....
(11) TUS REGLAS NEMOTÉCNICAS			

(12) AMPLIACIÓN DEL CONTENIDO: PRECEPTOS DE ESTA NORMA/PRECEPTOS DE OTRAS NORMAS/DOCTRINA: SENTENCIAS O RESOLUCIONES DE ÓRGANOS CONSULTIVOS/NOTAS	
(13) Nº de repasos/ Fecha programada próximo repaso ampliación contenido	Nº .... Fecha ..../...../...
(14) MODIFICACIONES AL PRECEPTO/DECLARACIÓN DE NULIDAD	
(15) Incorporación a texto y programación arriba	SI/NO

☛ Artículo 88

Tema (1)	
Epígrafe (2)	
Artículos relacionados (3)	

Los proyectos de ley serán aprobados en Consejo de Ministros, que los someterá al Congreso, acompañados de una exposición de motivos y de los antecedentes necesarios para pronunciarse sobre ellos.

(4) Nº de lecturas/ Fecha programada próxima lectura	Nº .... Fecha ..../..../....

(5) PREGUNTAS TRAS LAS LECTURAS

(5.1.) ¿Cuál es el supuesto de hecho para que se dé la consecuencia jurídica?

(5.2.) ¿Qué consecuencia pasa o sucede si se da el supuesto de hecho?

(6) Nº de contestaciones total a todas las preguntas/ Fecha programada próxima contestación a todas las preguntas	**Nº ....** **Fecha ..../..../....**

(7) ESQUEMA

(8) Nº de repasos esquema/Fecha programada próximo repaso esquema	**Nº ....** **Fecha ..../..../....**

(9) RESUMEN

(10) Nº de repasos resumen/Fecha programada próximo repaso resumen	**Nº ....** **Fecha ..../..../....**

(11) TUS REGLAS NEMOTÉCNICAS	
(12) AMPLIACIÓN DEL CONTENIDO: PRECEPTOS DE ESTA NORMA/PRECEPTOS DE OTRAS NORMAS/DOCTRINA: SENTENCIAS O RESOLUCIONES DE ÓRGANOS CONSULTIVOS/NOTAS	
(13) Nº de repasos/ Fecha programada próximo repaso ampliación contenido	Nº .... Fecha ..../...../...
(14) MODIFICACIONES AL PRECEPTO/DECLARACIÓN DE NULIDAD	
(15) Incorporación a texto y programación arriba	SI/NO

☛ Artículo 89

Tema (1)	
Epígrafe (2)	
Artículos relacionados (3)	

1. La tramitación de las proposiciones de ley se regulará por los Reglamentos de las Cámaras, sin que la prioridad debida a los proyectos de ley impida el ejercicio de la iniciativa legislativa en los términos regulados por el artículo 87.

2. Las proposiciones de ley que, de acuerdo con el artículo 87, tome en consideración el Senado, se remitirán al Congreso para su trámite en éste como tal proposición.

(4) Nº de lecturas/ Fecha programada próxima lectura	Nº .... Fecha ..../..../....

(5) PREGUNTAS TRAS LAS LECTURAS	
(5.1.) ¿Cuál es el supuesto de hecho para que se dé la consecuencia jurídica?	(5.2.) ¿Qué consecuencia pasa o sucede si se da el supuesto de hecho?

(6) Nº de contestaciones total a todas las preguntas/ Fecha programada próxima contestación a todas las preguntas	Nº ……….. Fecha …./…./….

(7) ESQUEMA		(9) RESUMEN	
(8) Nº de repasos esquema/Fecha programada próximo repaso esquema	Nº ……….. Fecha …./…./….	(10) Nº de repasos resumen/Fecha programada próximo repaso resumen	Nº ……….. Fecha …./…./….

(11) TUS REGLAS NEMOTÉCNICAS	
(12) AMPLIACIÓN DEL CONTENIDO: PRECEPTOS DE ESTA NORMA/PRECEPTOS DE OTRAS NORMAS/DOCTRINA: SENTENCIAS O RESOLUCIONES DE ÓRGANOS CONSULTIVOS/NOTAS	
(13) Nº de repasos/ Fecha programada próximo repaso ampliación contenido	Nº .... Fecha ..../...../...
(14) MODIFICACIONES AL PRECEPTO/DECLARACIÓN DE NULIDAD	
(15) Incorporación a texto y programación arriba	SI/NO

☛ Artículo 90

Tema (1)	
Epígrafe (2)	
Artículos relacionados (3)	

1. Aprobado un proyecto de ley ordinaria u orgánica por el Congreso de los Diputados, su Presidente dará inmediata cuenta del mismo al Presidente del Senado, el cual lo someterá a la deliberación de éste.

2. El Senado en el plazo de dos meses, a partir del día de la recepción del texto, puede, mediante mensaje motivado, oponer su veto o introducir enmiendas al mismo. El veto deberá ser aprobado por mayoría absoluta. El proyecto no podrá ser sometido al Rey para sanción sin que el Congreso ratifique por mayoría absoluta, en caso de veto, el texto inicial, o por mayoría simple, una vez transcurridos dos meses desde la interposición del mismo, o se pronuncie sobre las enmiendas, aceptándolas o no por mayoría simple.

3. El plazo de dos meses de que el Senado dispone para vetar o enmendar el proyecto se reducirá al de veinte días naturales en los proyectos declarados urgentes por el Gobierno o por el Congreso de los Diputados.

(4) Nº de lecturas/ Fecha programada próxima lectura	Nº .... Fecha ..../..../....

(5) PREGUNTAS TRAS LAS LECTURAS

(5.1.) ¿Cuál es el supuesto de hecho para que se dé la consecuencia jurídica?	(5.2.) ¿Qué consecuencia pasa o sucede si se da el supuesto de hecho?

(6) Nº de contestaciones total a todas las preguntas/ Fecha programada próxima contestación a todas las preguntas	Nº .... Fecha ..../..../....

(7) ESQUEMA	(9) RESUMEN

(8) Nº de repasos esquema/Fecha programada próximo repaso esquema	Nº .... Fecha ..../..../....	(10) Nº de repasos resumen/Fecha programada próximo repaso resumen	Nº .... Fecha ..../..../....

(11) TUS REGLAS NEMOTÉCNICAS	

(12) AMPLIACIÓN DEL CONTENIDO: PRECEPTOS DE ESTA NORMA/PRECEPTOS DE OTRAS NORMAS/DOCTRINA: SENTENCIAS O RESOLUCIONES DE ÓRGANOS CONSULTIVOS/NOTAS

(13) Nº de repasos/ Fecha programada próximo repaso ampliación contenido	Nº .... Fecha ..../...../...
(14) MODIFICACIONES AL PRECEPTO/DECLARACIÓN DE NULIDAD	
(15) Incorporación a texto y programación arriba	SI/NO

☛ Artículo 91

Tema (1)	
Epígrafe (2)	
Artículos relacionados (3)	

El Rey sancionará en el plazo de quince días las leyes aprobadas por las Cortes Generales, y las promulgará y ordenará su inmediata publicación.

(4) Nº de lecturas/ Fecha programada próxima lectura	Nº .... Fecha ..../..../....
(5) PREGUNTAS TRAS LAS LECTURAS	

(5.1.) ¿Cuál es el supuesto de hecho para que se dé la consecuencia jurídica?	(5.2.) ¿Qué consecuencia pasa o sucede si se da el supuesto de hecho?

(6) Nº de contestaciones total a todas las preguntas/ Fecha programada próxima contestación a todas las preguntas	Nº ……….. Fecha …./…./….

(7) ESQUEMA	(9) RESUMEN

(8) Nº de repasos esquema/Fecha programada próximo repaso esquema	Nº ……….. Fecha …./…./….	(10) Nº de repasos resumen/Fecha programada próximo repaso resumen	Nº ……….. Fecha …./…./….

(11) TUS REGLAS NEMOTÉCNICAS	

(12) AMPLIACIÓN DEL CONTENIDO: PRECEPTOS DE ESTA NORMA/PRECEPTOS DE OTRAS NORMAS/DOCTRINA: SENTENCIAS O RESOLUCIONES DE ÓRGANOS CONSULTIVOS/NOTAS	
(13) Nº de repasos/ Fecha programada próximo repaso ampliación contenido	Nº .... Fecha ..../...../...
(14) MODIFICACIONES AL PRECEPTO/DECLARACIÓN DE NULIDAD	
(15) Incorporación a texto y programación arriba	SI/NO

☛ Artículo 92

Tema (1)	
Epígrafe (2)	
Artículos relacionados (3)	

1. Las decisiones políticas de especial trascendencia podrán ser sometidas a referéndum consultivo de todos los ciudadanos.

2. El referéndum será convocado por el Rey, mediante propuesta del Presidente del Gobierno, previamente autorizada por el Congreso de los Diputados.

3. Una ley orgánica regulará las condiciones y el procedimiento de las distintas modalidades de referéndum previstas en esta Constitución.

(4) Nº de lecturas/ Fecha programada próxima lectura	Nº .... Fecha ..../..../....
(5) PREGUNTAS TRAS LAS LECTURAS	

(5.1.) ¿Cuál es el supuesto de hecho para que se dé la consecuencia jurídica?	(5.2.) ¿Qué consecuencia pasa o sucede si se da el supuesto de hecho?

(6) Nº de contestaciones total a todas las preguntas/ Fecha programada próxima contestación a todas las preguntas	Nº ……….. Fecha …./…./….

(7) ESQUEMA	(9) RESUMEN

(8) Nº de repasos esquema/Fecha programada próximo repaso esquema	Nº ……….. Fecha …./…./….	(10) Nº de repasos resumen/Fecha programada próximo repaso resumen	Nº ……….. Fecha …./…./….

(11) TUS REGLAS NEMOTÉCNICAS	
(12) AMPLIACIÓN DEL CONTENIDO: PRECEPTOS DE ESTA NORMA/PRECEPTOS DE OTRAS NORMAS/DOCTRINA: SENTENCIAS O RESOLUCIONES DE ÓRGANOS CONSULTIVOS/NOTAS	
(13) Nº de repasos/ Fecha programada próximo repaso ampliación contenido	Nº .... Fecha ..../...../...
(14) MODIFICACIONES AL PRECEPTO/DECLARACIÓN DE NULIDAD	
(15) Incorporación a texto y programación arriba	SI/NO

CAPÍTULO TERCERO

De los Tratados Internacionales

Artículo 93

Tema (1)	
Epígrafe (2)	
Artículos relacionados (3)	

Mediante ley orgánica se podrá autorizar la celebración de tratados por los que se atribuya a una organización o institución internacional el ejercicio de competencias derivadas de la Constitución. Corresponde a las Cortes Generales o al Gobierno, según los casos, la garantía del cumplimiento de estos tratados y de las resoluciones emanadas de los organismos internacionales o supranacionales titulares de la cesión.

(4) Nº de lecturas/ Fecha programada próxima lectura	Nº ……….. Fecha ..../…./….

(5) PREGUNTAS TRAS LAS LECTURAS

(5.1.) ¿Cuál es el supuesto de hecho para que se dé la consecuencia jurídica?	(5.2.) ¿Qué consecuencia pasa o sucede si se da el supuesto de hecho?

(6) Nº de contestaciones total a todas las preguntas/ Fecha programada próxima contestación a todas las preguntas	Nº ……….. Fecha ..../…./….

(7) ESQUEMA	(9) RESUMEN

(8) Nº de repasos esquema/Fecha programada próximo repaso esquema	Nº .... Fecha ..../..../....	(10) Nº de repasos resumen/Fecha programada próximo repaso resumen	Nº .... Fecha ..../..../....
(11) TUS REGLAS NEMOTÉCNICAS			
(12) AMPLIACIÓN DEL CONTENIDO: PRECEPTOS DE ESTA NORMA/PRECEPTOS DE OTRAS NORMAS/DOCTRINA: SENTENCIAS O RESOLUCIONES DE ÓRGANOS CONSULTIVOS/NOTAS			
(13) Nº de repasos/ Fecha programada próximo repaso ampliación contenido			Nº .... Fecha ..../...../...
(14) MODIFICACIONES AL PRECEPTO/DECLARACIÓN DE NULIDAD			
(15) Incorporación a texto y programación arriba			SI/NO

☛ Artículo 94

Tema (1)	
Epígrafe (2)	
Artículos relacionados (3)	

1. La prestación del consentimiento del Estado para obligarse por medio de tratados o convenios requerirá la previa autorización de las Cortes Generales, en los siguientes casos:

a) Tratados de carácter político.

b) Tratados o convenios de carácter militar.

c) Tratados o convenios que afecten a la integridad territorial del Estado o a los derechos y deberes fundamentales establecidos en el Título I.

d) Tratados o convenios que impliquen obligaciones financieras para la Hacienda Pública.

e) Tratados o convenios que supongan modificación o derogación de alguna ley o exijan medidas legislativas para su ejecución.

2. El Congreso y el Senado serán inmediatamente informados de la conclusión de los restantes tratados o convenios.

<table>
<tr><td colspan="2">(4) Nº de lecturas/ Fecha programada próxima lectura</td><td>Nº ....
Fecha ..../..../....</td></tr>
<tr><td colspan="3">(5) PREGUNTAS TRAS LAS LECTURAS</td></tr>
<tr><td colspan="3"></td></tr>
<tr><td>(5.1.) ¿Cuál es el supuesto de hecho para que se dé la consecuencia jurídica?</td><td colspan="2">(5.2.) ¿Qué consecuencia pasa o sucede si se da el supuesto de hecho?</td></tr>
<tr><td></td><td colspan="2"></td></tr>
<tr><td colspan="2">(6) Nº de contestaciones total a todas las preguntas/
Fecha programada próxima contestación a todas las preguntas</td><td>Nº ....
Fecha ..../..../....</td></tr>
<tr><td>(7) ESQUEMA</td><td colspan="2">(9) RESUMEN</td></tr>
<tr><td></td><td colspan="2"></td></tr>
</table>

(8) Nº de repasos esquema/Fecha programada próximo repaso esquema	Nº .... Fecha ..../..../....	(10) Nº de repasos resumen/Fecha programada próximo repaso resumen	Nº .... Fecha ..../..../....
(11) TUS REGLAS NEMOTÉCNICAS			

(12) AMPLIACIÓN DEL CONTENIDO: PRECEPTOS DE ESTA NORMA/PRECEPTOS DE OTRAS NORMAS/DOCTRINA: SENTENCIAS O RESOLUCIONES DE ÓRGANOS CONSULTIVOS/NOTAS	
(13) Nº de repasos/ Fecha programada próximo repaso ampliación contenido	Nº .... Fecha ..../...../...
(14) MODIFICACIONES AL PRECEPTO/DECLARACIÓN DE NULIDAD	
(15) Incorporación a texto y programación arriba	SI/NO

☛ Artículo 95

Tema (1)	
Epígrafe (2)	
Artículos relacionados (3)	

1. La celebración de un tratado internacional que contenga estipulaciones contrarias a la Constitución exigirá la previa revisión constitucional.

2. El Gobierno o cualquiera de las Cámaras puede requerir al Tribunal Constitucional para que declare si existe o no esa contradicción.

<table>
<tr><td colspan="3">(4) Nº de lecturas/ Fecha programada próxima lectura</td><td>Nº ....
Fecha ..../..../....</td></tr>
<tr><td colspan="4">(5) PREGUNTAS TRAS LAS LECTURAS</td></tr>
<tr><td colspan="4"></td></tr>
<tr><td colspan="2">(5.1.) ¿Cuál es el supuesto de hecho para que se dé la consecuencia jurídica?</td><td colspan="2">(5.2.) ¿Qué consecuencia pasa o sucede si se da el supuesto de hecho?</td></tr>
<tr><td colspan="2"></td><td colspan="2"></td></tr>
<tr><td colspan="3">(6) Nº de contestaciones total a todas las preguntas/
Fecha programada próxima contestación a todas las preguntas</td><td>Nº ....
Fecha ..../..../....</td></tr>
<tr><td colspan="2">(7) ESQUEMA</td><td colspan="2">(9) RESUMEN</td></tr>
<tr><td colspan="2"></td><td colspan="2"></td></tr>
<tr><td>(8) Nº de repasos esquema/Fecha programada próximo repaso esquema</td><td>Nº ....
Fecha ..../..../....</td><td>(10) Nº de repasos resumen/Fecha programada próximo repaso resumen</td><td>Nº ....
Fecha ..../..../....</td></tr>
</table>

(11) TUS REGLAS NEMOTÉCNICAS	
(12) AMPLIACIÓN DEL CONTENIDO: PRECEPTOS DE ESTA NORMA/PRECEPTOS DE OTRAS NORMAS/DOCTRINA: SENTENCIAS O RESOLUCIONES DE ÓRGANOS CONSULTIVOS/NOTAS	
(13) Nº de repasos/ Fecha programada próximo repaso ampliación contenido	Nº .... Fecha ..../...../...
(14) MODIFICACIONES AL PRECEPTO/DECLARACIÓN DE NULIDAD	
(15) Incorporación a texto y programación arriba	SI/NO

☛ Artículo 96

Tema (1)	
Epígrafe (2)	
Artículos relacionados (3)	

1. Los tratados internacionales válidamente celebrados, una vez publicados oficialmente en España, formarán parte del ordenamiento interno. Sus disposiciones sólo podrán ser derogadas, modificadas o suspendidas en la forma prevista en los propios tratados o de acuerdo con las normas generales del Derecho internacional.

2. Para la denuncia de los tratados y convenios internacionales se utilizará el mismo procedimiento previsto para su aprobación en el artículo 94.

(4) Nº de lecturas/ Fecha programada próxima lectura	Nº ……….. Fecha …./…./….
(5) PREGUNTAS TRAS LAS LECTURAS	

(5.1.) ¿Cuál es el supuesto de hecho para que se dé la consecuencia jurídica?	(5.2.) ¿Qué consecuencia pasa o sucede si se da el supuesto de hecho?

(6) Nº de contestaciones total a todas las preguntas/ Fecha programada próxima contestación a todas las preguntas	Nº ……….. Fecha …./…./….

(7) ESQUEMA	(9) RESUMEN

(8) Nº de repasos esquema/Fecha programada próximo repaso esquema	Nº .... Fecha ..../..../....	(10) Nº de repasos resumen/Fecha programada próximo repaso resumen	Nº .... Fecha ..../..../....
(11) TUS REGLAS NEMOTÉCNICAS			
(12) AMPLIACIÓN DEL CONTENIDO: PRECEPTOS DE ESTA NORMA/PRECEPTOS DE OTRAS NORMAS/DOCTRINA: SENTENCIAS O RESOLUCIONES DE ÓRGANOS CONSULTIVOS/NOTAS			
(13) Nº de repasos/ Fecha programada próximo repaso ampliación contenido			Nº .... Fecha ..../...../...
(14) MODIFICACIONES AL PRECEPTO/DECLARACIÓN DE NULIDAD			
(15) Incorporación a texto y programación arriba			SI/NO

TÍTULO IV

Del Gobierno y de la Administración

☛ Artículo 97

Tema (1)	
Epígrafe (2)	
Artículos relacionados (3)	

El Gobierno dirige la política interior y exterior, la Administración civil y militar y la defensa del Estado. Ejerce la función ejecutiva y la potestad reglamentaria de acuerdo con la Constitución y las leyes.

<table>
<tr><td colspan="2">(4) Nº de lecturas/ Fecha programada próxima lectura</td><td>Nº ....
Fecha ..../..../....</td></tr>
<tr><td colspan="3">(5) PREGUNTAS TRAS LAS LECTURAS</td></tr>
<tr><td colspan="3"></td></tr>
<tr><td>(5.1.) ¿Cuál es el supuesto de hecho para que se dé la consecuencia jurídica?</td><td colspan="2">(5.2.) ¿Qué consecuencia pasa o sucede si se da el supuesto de hecho?</td></tr>
<tr><td></td><td colspan="2"></td></tr>
<tr><td colspan="2">(6) Nº de contestaciones total a todas las preguntas/
Fecha programada próxima contestación a todas las preguntas</td><td>Nº ....
Fecha ..../..../....</td></tr>
<tr><td>(7) ESQUEMA</td><td colspan="2">(9) RESUMEN</td></tr>
<tr><td></td><td colspan="2"></td></tr>
</table>

(8) Nº de repasos esquema/Fecha programada próximo repaso esquema	Nº .... Fecha ..../..../....	(10) Nº de repasos resumen/Fecha programada próximo repaso resumen	Nº .... Fecha ..../..../....
(11) TUS REGLAS NEMOTÉCNICAS			
(12) AMPLIACIÓN DEL CONTENIDO: PRECEPTOS DE ESTA NORMA/PRECEPTOS DE OTRAS NORMAS/DOCTRINA: SENTENCIAS O RESOLUCIONES DE ÓRGANOS CONSULTIVOS/NOTAS			
(13) Nº de repasos/ Fecha programada próximo repaso ampliación contenido			Nº .... Fecha ..../...../...
(14) MODIFICACIONES AL PRECEPTO/DECLARACIÓN DE NULIDAD			
(15) Incorporación a texto y programación arriba			SI/NO

Artículo 98

Tema (1)	
Epígrafe (2)	
Artículos relacionados (3)	

1. El Gobierno se compone del Presidente, de los Vicepresidentes, en su caso, de los Ministros y de los demás miembros que establezca la ley.

2. El Presidente dirige la acción del Gobierno y coordina las funciones de los demás miembros del mismo, sin perjuicio de la competencia y responsabilidad directa de éstos en su gestión.

3. Los miembros del Gobierno no podrán ejercer otras funciones representativas que las propias del mandato parlamentario, ni cualquier otra función pública que no derive de su cargo, ni actividad profesional o mercantil alguna.

4. La ley regulará el estatuto e incompatibilidades de los miembros del Gobierno.

(4) Nº de lecturas/ Fecha programada próxima lectura	Nº .... Fecha ..../..../....

(5) PREGUNTAS TRAS LAS LECTURAS

(5.1.) ¿Cuál es el supuesto de hecho para que se dé la consecuencia jurídica?	(5.2.) ¿Qué consecuencia pasa o sucede si se da el supuesto de hecho?

(6) Nº de contestaciones total a todas las preguntas/ Fecha programada próxima contestación a todas las preguntas	Nº .... Fecha ..../..../....

(7) ESQUEMA	(9) RESUMEN

<table>
<tr><td>(8) Nº de repasos esquema/Fecha programada próximo repaso esquema</td><td>Nº ....
Fecha ..../..../....</td><td>(10) Nº de repasos resumen/Fecha programada próximo repaso resumen</td><td>Nº ....
Fecha ..../..../....</td></tr>
<tr><td>(11) TUS REGLAS NEMOTÉCNICAS</td><td colspan="3"></td></tr>
<tr><td colspan="4">(12) AMPLIACIÓN DEL CONTENIDO:
PRECEPTOS DE ESTA NORMA/PRECEPTOS DE OTRAS NORMAS/DOCTRINA: SENTENCIAS O RESOLUCIONES DE ÓRGANOS CONSULTIVOS/NOTAS</td></tr>
<tr><td colspan="4"></td></tr>
<tr><td colspan="3">(13) Nº de repasos/ Fecha programada próximo repaso ampliación contenido</td><td>Nº ....
Fecha ..../...../...</td></tr>
<tr><td colspan="4">(14) MODIFICACIONES AL PRECEPTO/DECLARACIÓN DE NULIDAD</td></tr>
<tr><td colspan="4"></td></tr>
<tr><td colspan="3">(15) Incorporación a texto y programación arriba</td><td>SI/NO</td></tr>
</table>

☛ Artículo 99

Tema (1)	
Epígrafe (2)	
Artículos relacionados (3)	

1. Después de cada renovación del Congreso de los Diputados, y en los demás supuestos constitucionales en que así proceda, el Rey, previa consulta con los representantes designados por los Grupos políticos con representación parlamentaria, y a través del Presidente del Congreso, propondrá un candidato a la Presidencia del Gobierno.

2. El candidato propuesto conforme a lo previsto en el apartado anterior expondrá ante el Congreso de los Diputados el programa político del Gobierno que pretenda formar y solicitará la confianza de la Cámara.

3. Si el Congreso de los Diputados, por el voto de la mayoría absoluta de sus miembros, otorgare su confianza a dicho candidato, el Rey le nombrará Presidente. De no alcanzarse dicha mayoría,

se someterá la misma propuesta a nueva votación cuarenta y ocho horas después de la anterior, y la confianza se entenderá otorgada si obtuviere la mayoría simple.

4. Si efectuadas las citadas votaciones no se otorgase la confianza para la investidura, se tramitarán sucesivas propuestas en la forma prevista en los apartados anteriores.

5. Si transcurrido el plazo de dos meses, a partir de la primera votación de investidura, ningún candidato hubiere obtenido la confianza del Congreso, el Rey disolverá ambas Cámaras y convocará nuevas elecciones con el refrendo del Presidente del Congreso.

<table>
<tr><td colspan="2">(4) Nº de lecturas/ Fecha programada próxima lectura</td><td>Nº ....
Fecha ..../..../....</td></tr>
<tr><td colspan="3">(5) PREGUNTAS TRAS LAS LECTURAS</td></tr>
<tr><td colspan="3"></td></tr>
<tr><td>(5.1.) ¿Cuál es el supuesto de hecho para que se dé la consecuencia jurídica?</td><td colspan="2">(5.2.) ¿Qué consecuencia pasa o sucede si se da el supuesto de hecho?</td></tr>
<tr><td></td><td colspan="2"></td></tr>
<tr><td colspan="2">(6) Nº de contestaciones total a todas las preguntas/
Fecha programada próxima contestación a todas las preguntas</td><td>Nº ....
Fecha ..../..../....</td></tr>
<tr><td>(7) ESQUEMA</td><td colspan="2">(9) RESUMEN</td></tr>
<tr><td></td><td colspan="2"></td></tr>
</table>

(8) Nº de repasos esquema/Fecha programada próximo repaso esquema	Nº .... Fecha ..../..../....	(10) Nº de repasos resumen/Fecha programada próximo repaso resumen	Nº .... Fecha ..../..../....
(11) TUS REGLAS NEMOTÉCNICAS			

(12) AMPLIACIÓN DEL CONTENIDO: PRECEPTOS DE ESTA NORMA/PRECEPTOS DE OTRAS NORMAS/DOCTRINA: SENTENCIAS O RESOLUCIONES DE ÓRGANOS CONSULTIVOS/NOTAS

(13) Nº de repasos/ Fecha programada próximo repaso ampliación contenido	Nº .... Fecha ..../..../...

(14) MODIFICACIONES AL PRECEPTO/DECLARACIÓN DE NULIDAD

(15) Incorporación a texto y programación arriba	SI/NO

☛ Artículo 100

Tema (1)	
Epígrafe (2)	
Artículos relacionados (3)	

Los demás miembros del Gobierno serán nombrados y separados por el Rey, a propuesta de su Presidente.

(4) Nº de lecturas/ Fecha programada próxima lectura	Nº .... Fecha ..../..../....

(5) PREGUNTAS TRAS LAS LECTURAS	
(5.1.) ¿Cuál es el supuesto de hecho para que se dé la consecuencia jurídica?	(5.2.) ¿Qué consecuencia pasa o sucede si se da el supuesto de hecho?
(6) Nº de contestaciones total a todas las preguntas/ Fecha programada próxima contestación a todas las preguntas	Nº ……….. Fecha ..../…./….
(7) ESQUEMA	(9) RESUMEN

(8) Nº de repasos esquema/Fecha programada próximo repaso esquema	Nº .... Fecha ..../..../....	(10) Nº de repasos resumen/Fecha programada próximo repaso resumen	Nº .... Fecha ..../..../....
(11) TUS REGLAS NEMOTÉCNICAS			

(12) AMPLIACIÓN DEL CONTENIDO: PRECEPTOS DE ESTA NORMA/PRECEPTOS DE OTRAS NORMAS/DOCTRINA: SENTENCIAS O RESOLUCIONES DE ÓRGANOS CONSULTIVOS/NOTAS

(13) Nº de repasos/ Fecha programada próximo repaso ampliación contenido	Nº .... Fecha ..../...../...
(14) MODIFICACIONES AL PRECEPTO/DECLARACIÓN DE NULIDAD	
(15) Incorporación a texto y programación arriba	SI/NO

☛ Artículo 101

Tema (1)	
Epígrafe (2)	
Artículos relacionados (3)	

1. El Gobierno cesa tras la celebración de elecciones generales, en los casos de pérdida de la confianza parlamentaria previstos en la Constitución, o por dimisión o fallecimiento de su Presidente.

2. El Gobierno cesante continuará en funciones hasta la toma de posesión del nuevo Gobierno.

(4) Nº de lecturas/ Fecha programada próxima lectura	Nº .... Fecha ..../..../....

(5) PREGUNTAS TRAS LAS LECTURAS	
(5.1.) ¿Cuál es el supuesto de hecho para que se dé la consecuencia jurídica?	(5.2.) ¿Qué consecuencia pasa o sucede si se da el supuesto de hecho?

(6) Nº de contestaciones total a todas las preguntas/ Fecha programada próxima contestación a todas las preguntas	Nº .... Fecha ..../..../....

(7) ESQUEMA	(9) RESUMEN

(8) Nº de repasos esquema/Fecha programada próximo repaso esquema	Nº .... Fecha ..../..../....	(10) Nº de repasos resumen/Fecha programada próximo repaso resumen	Nº .... Fecha ..../..../....
(11) TUS REGLAS NEMOTÉCNICAS			

(12) AMPLIACIÓN DEL CONTENIDO: PRECEPTOS DE ESTA NORMA/PRECEPTOS DE OTRAS NORMAS/DOCTRINA: SENTENCIAS O RESOLUCIONES DE ÓRGANOS CONSULTIVOS/NOTAS

(13) Nº de repasos/ Fecha programada próximo repaso ampliación contenido	Nº .... Fecha ..../...../...
(14) MODIFICACIONES AL PRECEPTO/DECLARACIÓN DE NULIDAD	
(15) Incorporación a texto y programación arriba	SI/NO

Artículo 102

Tema (1)	
Epígrafe (2)	
Artículos relacionados (3)	

1. La responsabilidad criminal del Presidente y los demás miembros del Gobierno será exigible, en su caso, ante la Sala de lo Penal del Tribunal Supremo.

2. Si la acusación fuere por traición o por cualquier delito contra la seguridad del Estado en el ejercicio de sus funciones, sólo podrá ser planteada por iniciativa de la cuarta parte de los miembros del Congreso, y con la aprobación de la mayoría absoluta del mismo.

3. La prerrogativa real de gracia no será aplicable a ninguno de los supuestos del presente artículo.

(4) Nº de lecturas/ Fecha programada próxima lectura	**Nº ....** **Fecha ..../..../....**

(5) PREGUNTAS TRAS LAS LECTURAS	
(5.1.) ¿Cuál es el supuesto de hecho para que se dé la consecuencia jurídica?	**(5.2.) ¿Qué consecuencia pasa o sucede si se da el supuesto de hecho?**

(6) Nº de contestaciones total a todas las preguntas/ Fecha programada próxima contestación a todas las preguntas	**Nº ....** **Fecha ..../..../....**

(7) ESQUEMA	**(9) RESUMEN**

(8) Nº de repasos esquema/Fecha programada próximo repaso esquema	Nº .... Fecha ..../..../....	(10) Nº de repasos resumen/Fecha programada próximo repaso resumen	Nº .... Fecha ..../..../....
(11) TUS REGLAS NEMOTÉCNICAS			
(12) AMPLIACIÓN DEL CONTENIDO: PRECEPTOS DE ESTA NORMA/PRECEPTOS DE OTRAS NORMAS/DOCTRINA: SENTENCIAS O RESOLUCIONES DE ÓRGANOS CONSULTIVOS/NOTAS			
(13) Nº de repasos/ Fecha programada próximo repaso ampliación contenido			Nº .... Fecha ..../...../...
(14) MODIFICACIONES AL PRECEPTO/DECLARACIÓN DE NULIDAD			
(15) Incorporación a texto y programación arriba			SI/NO

☛ Artículo 103

Tema (1)	
Epígrafe (2)	
Artículos relacionados (3)	

1. La Administración Pública sirve con objetividad los intereses generales y actúa de acuerdo con los principios de eficacia, jerarquía, descentralización, desconcentración y coordinación, con sometimiento pleno a la ley y al Derecho.

2. Los órganos de la Administración del Estado son creados, regidos y coordinados de acuerdo con la ley.

3. La ley regulará el estatuto de los funcionarios públicos, el acceso a la función pública de acuerdo con los principios de mérito y capacidad, las peculiaridades del ejercicio de su derecho a sindicación, el sistema de incompatibilidades y las garantías para la imparcialidad en el ejercicio de sus funciones.

<table>
<tr><td colspan="2">(4) Nº de lecturas/ Fecha programada próxima lectura</td><td>Nº ....
Fecha ..../..../....</td></tr>
<tr><td colspan="3">(5) PREGUNTAS TRAS LAS LECTURAS</td></tr>
<tr><td colspan="3"></td></tr>
<tr><td>(5.1.) ¿Cuál es el supuesto de hecho para que se dé la consecuencia jurídica?</td><td colspan="2">(5.2.) ¿Qué consecuencia pasa o sucede si se da el supuesto de hecho?</td></tr>
<tr><td></td><td colspan="2"></td></tr>
<tr><td colspan="2">(6) Nº de contestaciones total a todas las preguntas/
Fecha programada próxima contestación a todas las preguntas</td><td>Nº ....
Fecha ..../..../....</td></tr>
<tr><td>(7) ESQUEMA</td><td colspan="2">(9) RESUMEN</td></tr>
<tr><td></td><td colspan="2"></td></tr>
</table>

(8) Nº de repasos esquema/Fecha programada próximo repaso esquema	Nº .... Fecha ..../..../....	(10) Nº de repasos resumen/Fecha programada próximo repaso resumen	Nº .... Fecha ..../..../....
(11) TUS REGLAS NEMOTÉCNICAS			

(12) AMPLIACIÓN DEL CONTENIDO: PRECEPTOS DE ESTA NORMA/PRECEPTOS DE OTRAS NORMAS/DOCTRINA: SENTENCIAS O RESOLUCIONES DE ÓRGANOS CONSULTIVOS/NOTAS

(13) Nº de repasos/ Fecha programada próximo repaso ampliación contenido	Nº .... Fecha ..../...../...
(14) MODIFICACIONES AL PRECEPTO/DECLARACIÓN DE NULIDAD	
(15) Incorporación a texto y programación arriba	SI/NO

☛ Artículo 104

Tema (1)	
Epígrafe (2)	
Artículos relacionados (3)	

1. Las Fuerzas y Cuerpos de seguridad, bajo la dependencia del Gobierno, tendrán como misión proteger el libre ejercicio de los derechos y libertades y garantizar la seguridad ciudadana.

2. Una ley orgánica determinará las funciones, principios básicos de actuación y estatutos de las Fuerzas y Cuerpos de seguridad.

(4) Nº de lecturas/ Fecha programada próxima lectura	Nº .... Fecha ..../..../....

(5) PREGUNTAS TRAS LAS LECTURAS	
(5.1.) ¿Cuál es el supuesto de hecho para que se dé la consecuencia jurídica?	(5.2.) ¿Qué consecuencia pasa o sucede si se da el supuesto de hecho?

(6) Nº de contestaciones total a todas las preguntas/ Fecha programada próxima contestación a todas las preguntas	Nº .... Fecha ..../..../....

(7) ESQUEMA	(9) RESUMEN

(8) Nº de repasos esquema/Fecha programada próximo repaso esquema	Nº .... Fecha ..../..../....	(10) Nº de repasos resumen/Fecha programada próximo repaso resumen	Nº .... Fecha ..../..../....

(11) TUS REGLAS NEMOTÉCNICAS	

(12) AMPLIACIÓN DEL CONTENIDO: PRECEPTOS DE ESTA NORMA/PRECEPTOS DE OTRAS NORMAS/DOCTRINA: SENTENCIAS O RESOLUCIONES DE ÓRGANOS CONSULTIVOS/NOTAS

(13) Nº de repasos/ Fecha programada próximo repaso ampliación contenido	Nº .... Fecha ..../...../...

(14) MODIFICACIONES AL PRECEPTO/DECLARACIÓN DE NULIDAD

(15) Incorporación a texto y programación arriba	SI/NO

☛ Artículo 105

Tema (1)	
Epígrafe (2)	
Artículos relacionados (3)	

La ley regulará:

a) La audiencia de los ciudadanos, directamente o a través de las organizaciones y asociaciones reconocidas por la ley, en el procedimiento de elaboración de las disposiciones administrativas que les afecten.

b) El acceso de los ciudadanos a los archivos y registros administrativos, salvo en lo que afecte a la seguridad y defensa del Estado, la averiguación de los delitos y la intimidad de las personas.

c) El procedimiento a través del cual deben producirse los actos administrativos, garantizando, cuando proceda, la audiencia del interesado.

(4) Nº de lecturas/ Fecha programada próxima lectura	Nº ……….. Fecha …./…./….

(5) PREGUNTAS TRAS LAS LECTURAS

(5.1.) ¿Cuál es el supuesto de hecho para que se dé la consecuencia jurídica?	(5.2.) ¿Qué consecuencia pasa o sucede si se da el supuesto de hecho?

(6) Nº de contestaciones total a todas las preguntas/ Fecha programada próxima contestación a todas las preguntas	Nº ……….. Fecha …./…./….

(7) ESQUEMA	(9) RESUMEN

(8) Nº de repasos esquema/Fecha programada próximo repaso esquema	Nº ……….. Fecha …./…./….	(10) Nº de repasos resumen/Fecha programada próximo repaso resumen	Nº ……….. Fecha …./…./….

(11) TUS REGLAS NEMOTÉCNICAS	
(12) AMPLIACIÓN DEL CONTENIDO: PRECEPTOS DE ESTA NORMA/PRECEPTOS DE OTRAS NORMAS/DOCTRINA: SENTENCIAS O RESOLUCIONES DE ÓRGANOS CONSULTIVOS/NOTAS	
(13) Nº de repasos/ Fecha programada próximo repaso ampliación contenido	**Nº .... Fecha ..../...../...**
(14) MODIFICACIONES AL PRECEPTO/DECLARACIÓN DE NULIDAD	
(15) Incorporación a texto y programación arriba	**SI/NO**

☛ Artículo 106

Tema (1)	
Epígrafe (2)	
Artículos relacionados (3)	

1. Los Tribunales controlan la potestad reglamentaria y la legalidad de la actuación administrativa, así como el sometimiento de ésta a los fines que la justifican.

2. Los particulares, en los términos establecidos por la ley, tendrán derecho a ser indemnizados por toda lesión que sufran en cualquiera de sus bienes y derechos, salvo en los casos de fuerza mayor, siempre que la lesión sea consecuencia del funcionamiento de los servicios públicos.

(4) Nº de lecturas/ Fecha programada próxima lectura	**Nº .... Fecha ..../..../....**

(5) PREGUNTAS TRAS LAS LECTURAS	
(5.1.) ¿Cuál es el supuesto de hecho para que se dé la consecuencia jurídica?	(5.2.) ¿Qué consecuencia pasa o sucede si se da el supuesto de hecho?

(6) Nº de contestaciones total a todas las preguntas/ Fecha programada próxima contestación a todas las preguntas	Nº .... Fecha ..../..../....

(7) ESQUEMA		(9) RESUMEN	
(8) Nº de repasos esquema/Fecha programada próximo repaso esquema	Nº .... Fecha ..../..../....	(10) Nº de repasos resumen/Fecha programada próximo repaso resumen	Nº .... Fecha ..../..../....

(11) TUS REGLAS NEMOTÉCNICAS	

(12) AMPLIACIÓN DEL CONTENIDO: PRECEPTOS DE ESTA NORMA/PRECEPTOS DE OTRAS NORMAS/DOCTRINA: SENTENCIAS O RESOLUCIONES DE ÓRGANOS CONSULTIVOS/NOTAS	
(13) Nº de repasos/ Fecha programada próximo repaso ampliación contenido	Nº .... Fecha ..../...../...
(14) MODIFICACIONES AL PRECEPTO/DECLARACIÓN DE NULIDAD	
(15) Incorporación a texto y programación arriba	SI/NO

☛ Artículo 107

Tema (1)	
Epígrafe (2)	
Artículos relacionados (3)	

El Consejo de Estado es el supremo órgano consultivo del Gobierno. Una ley orgánica regulará su composición y competencia.

(4) Nº de lecturas/ Fecha programada próxima lectura	Nº .... Fecha ..../..../....
(5) PREGUNTAS TRAS LAS LECTURAS	

(5.1.) ¿Cuál es el supuesto de hecho para que se dé la consecuencia jurídica?	(5.2.) ¿Qué consecuencia pasa o sucede si se da el supuesto de hecho?

(6) Nº de contestaciones total a todas las preguntas/ Fecha programada próxima contestación a todas las preguntas	Nº ……….. Fecha ..../…../....

(7) ESQUEMA	(9) RESUMEN

(8) Nº de repasos esquema/Fecha programada próximo repaso esquema	Nº ……….. Fecha ..../…../....	(10) Nº de repasos resumen/Fecha programada próximo repaso resumen	Nº ……….. Fecha ..../…../....

(11) TUS REGLAS NEMOTÉCNICAS	

(12) AMPLIACIÓN DEL CONTENIDO: PRECEPTOS DE ESTA NORMA/PRECEPTOS DE OTRAS NORMAS/DOCTRINA: SENTENCIAS O RESOLUCIONES DE ÓRGANOS CONSULTIVOS/NOTAS	
(13) Nº de repasos/ Fecha programada próximo repaso ampliación contenido	Nº .... Fecha ..../...../...
(14) MODIFICACIONES AL PRECEPTO/DECLARACIÓN DE NULIDAD	
(15) Incorporación a texto y programación arriba	SI/NO

TÍTULO V

De las relaciones entre el Gobierno y las Cortes Generales

☛ Artículo 108

Tema (1)	
Epígrafe (2)	
Artículos relacionados (3)	

El Gobierno responde solidariamente en su gestión política ante el Congreso de los Diputados.

(4) Nº de lecturas/ Fecha programada próxima lectura	Nº .... Fecha ..../..../....
(5) PREGUNTAS TRAS LAS LECTURAS	

<table>
<tr><th colspan="2">(5.1.) ¿Cuál es el supuesto de hecho para que se dé la consecuencia jurídica?</th><th colspan="2">(5.2.) ¿Qué consecuencia pasa o sucede si se da el supuesto de hecho?</th></tr>
<tr><td colspan="2"></td><td colspan="2"></td></tr>
<tr><td colspan="3">(6) Nº de contestaciones total a todas las preguntas/
Fecha programada próxima contestación a todas las preguntas</td><td>Nº ....
Fecha ..../..../....</td></tr>
<tr><th colspan="2">(7) ESQUEMA</th><th colspan="2">(9) RESUMEN</th></tr>
<tr><td colspan="2"></td><td colspan="2"></td></tr>
<tr><td>(8) Nº de repasos esquema/Fecha programada próximo repaso esquema</td><td>Nº ....
Fecha ..../..../....</td><td>(10) Nº de repasos resumen/Fecha programada próximo repaso resumen</td><td>Nº ....
Fecha ..../..../....</td></tr>
<tr><td>(11) TUS REGLAS NEMOTÉCNICAS</td><td colspan="3"></td></tr>
</table>

(12) AMPLIACIÓN DEL CONTENIDO: PRECEPTOS DE ESTA NORMA/PRECEPTOS DE OTRAS NORMAS/DOCTRINA: SENTENCIAS O RESOLUCIONES DE ÓRGANOS CONSULTIVOS/NOTAS	
(13) Nº de repasos/ Fecha programada próximo repaso ampliación contenido	Nº .... Fecha ..../...../...
(14) MODIFICACIONES AL PRECEPTO/DECLARACIÓN DE NULIDAD	
(15) Incorporación a texto y programación arriba	SI/NO

Artículo 109

Tema (1)	
Epígrafe (2)	
Artículos relacionados (3)	

Las Cámaras y sus Comisiones podrán recabar, a través de los Presidentes de aquéllas, la información y ayuda que precisen del Gobierno y de sus Departamentos y de cualesquiera autoridades del Estado y de las Comunidades Autónomas.

(4) Nº de lecturas/ Fecha programada próxima lectura	Nº .... Fecha ..../..../....
(5) PREGUNTAS TRAS LAS LECTURAS	

(5.1.) ¿Cuál es el supuesto de hecho para que se dé la consecuencia jurídica?	(5.2.) ¿Qué consecuencia pasa o sucede si se da el supuesto de hecho?

(6) Nº de contestaciones total a todas las preguntas/ Fecha programada próxima contestación a todas las preguntas	Nº .... Fecha ..../..../....

(7) ESQUEMA	(9) RESUMEN

(8) Nº de repasos esquema/Fecha programada próximo repaso esquema	Nº .... Fecha ..../..../....	(10) Nº de repasos resumen/Fecha programada próximo repaso resumen	Nº .... Fecha ..../..../....

(11) TUS REGLAS NEMOTÉCNICAS	

(12) AMPLIACIÓN DEL CONTENIDO: PRECEPTOS DE ESTA NORMA/PRECEPTOS DE OTRAS NORMAS/DOCTRINA: SENTENCIAS O RESOLUCIONES DE ÓRGANOS CONSULTIVOS/NOTAS

(13) Nº de repasos/ Fecha programada próximo repaso ampliación contenido	Nº .... Fecha ..../...../...

(14) MODIFICACIONES AL PRECEPTO/DECLARACIÓN DE NULIDAD

(15) Incorporación a texto y programación arriba	SI/NO

☛ Artículo 110

Tema (1)	
Epígrafe (2)	
Artículos relacionados (3)	

1. Las Cámaras y sus Comisiones pueden reclamar la presencia de los miembros del Gobierno.

2. Los miembros del Gobierno tienen acceso a las sesiones de las Cámaras y a sus Comisiones y la facultad de hacerse oír en ellas, y podrán solicitar que informen ante las mismas funcionarios de sus Departamentos.

(4) Nº de lecturas/ Fecha programada próxima lectura	Nº .... Fecha ..../..../....

<table>
<tr><th colspan="4">(5) PREGUNTAS TRAS LAS LECTURAS</th></tr>
<tr><td colspan="4"></td></tr>
<tr><th colspan="2">(5.1.) ¿Cuál es el supuesto de hecho para que se dé la consecuencia jurídica?</th><th colspan="2">(5.2.) ¿Qué consecuencia pasa o sucede si se da el supuesto de hecho?</th></tr>
<tr><td colspan="2"></td><td colspan="2"></td></tr>
<tr><th colspan="3">(6) Nº de contestaciones total a todas las preguntas/
Fecha programada próxima contestación a todas las preguntas</th><td>Nº ....
Fecha ..../..../....</td></tr>
<tr><th colspan="2">(7) ESQUEMA</th><th colspan="2">(9) RESUMEN</th></tr>
<tr><td colspan="2"></td><td colspan="2"></td></tr>
<tr><th>(8) Nº de repasos esquema/Fecha programada próximo repaso esquema</th><td>Nº ....
Fecha ..../..../....</td><th>(10) Nº de repasos resumen/Fecha programada próximo repaso resumen</th><td>Nº ....
Fecha ..../..../....</td></tr>
</table>

(11) TUS REGLAS NEMOTÉCNICAS	
(12) AMPLIACIÓN DEL CONTENIDO: PRECEPTOS DE ESTA NORMA/PRECEPTOS DE OTRAS NORMAS/DOCTRINA: SENTENCIAS O RESOLUCIONES DE ÓRGANOS CONSULTIVOS/NOTAS	
(13) Nº de repasos/ Fecha programada próximo repaso ampliación contenido	Nº .... Fecha ..../...../...
(14) MODIFICACIONES AL PRECEPTO/DECLARACIÓN DE NULIDAD	
(15) Incorporación a texto y programación arriba	SI/NO

Artículo 111

Tema (1)	
Epígrafe (2)	
Artículos relacionados (3)	

1. El Gobierno y cada uno de sus miembros están sometidos a las interpelaciones y preguntas que se le formulen en las Cámaras. Para esta clase de debate los Reglamentos establecerán un tiempo mínimo semanal.

2. Toda interpelación podrá dar lugar a una moción en la que la Cámara manifieste su posición.

(4) Nº de lecturas/ Fecha programada próxima lectura	Nº .... Fecha ..../..../....

(5) PREGUNTAS TRAS LAS LECTURAS

(5.1.) ¿Cuál es el supuesto de hecho para que se dé la consecuencia jurídica?	**(5.2.) ¿Qué consecuencia pasa o sucede si se da el supuesto de hecho?**

(6) Nº de contestaciones total a todas las preguntas/ Fecha programada próxima contestación a todas las preguntas	Nº .... Fecha ..../..../....

(7) ESQUEMA	**(9) RESUMEN**

(8) Nº de repasos esquema/Fecha programada próximo repaso esquema	Nº .... Fecha ..../..../....	**(10) Nº de repasos resumen/Fecha programada próximo repaso resumen**	Nº .... Fecha ..../..../....

(11) TUS REGLAS NEMOTÉCNICAS	

(12) AMPLIACIÓN DEL CONTENIDO: PRECEPTOS DE ESTA NORMA/PRECEPTOS DE OTRAS NORMAS/DOCTRINA: SENTENCIAS O RESOLUCIONES DE ÓRGANOS CONSULTIVOS/NOTAS

(13) Nº de repasos/ Fecha programada próximo repaso ampliación contenido	Nº .... Fecha ..../...../...

(14) MODIFICACIONES AL PRECEPTO/DECLARACIÓN DE NULIDAD

(15) Incorporación a texto y programación arriba	SI/NO

☛ Artículo 112

Tema (1)	
Epígrafe (2)	
Artículos relacionados (3)	

El Presidente del Gobierno, previa deliberación del Consejo de Ministros, puede plantear ante el Congreso de los Diputados la cuestión de confianza sobre su programa o sobre una declaración de política general. La confianza se entenderá otorgada cuando vote a favor de la misma la mayoría simple de los Diputados.

(4) Nº de lecturas/ Fecha programada próxima lectura	Nº .... Fecha ..../..../....

(5) PREGUNTAS TRAS LAS LECTURAS	
(5.1.) ¿Cuál es el supuesto de hecho para que se dé la consecuencia jurídica?	(5.2.) ¿Qué consecuencia pasa o sucede si se da el supuesto de hecho?

(6) Nº de contestaciones total a todas las preguntas/ Fecha programada próxima contestación a todas las preguntas	Nº .... Fecha ..../..../....

(7) ESQUEMA	(9) RESUMEN

(8) Nº de repasos esquema/Fecha programada próximo repaso esquema	Nº .... Fecha ..../..../....	(10) Nº de repasos resumen/Fecha programada próximo repaso resumen	Nº .... Fecha ..../..../....

(11) TUS REGLAS NEMOTÉCNICAS	
(12) AMPLIACIÓN DEL CONTENIDO: PRECEPTOS DE ESTA NORMA/PRECEPTOS DE OTRAS NORMAS/DOCTRINA: SENTENCIAS O RESOLUCIONES DE ÓRGANOS CONSULTIVOS/NOTAS	
(13) Nº de repasos/ Fecha programada próximo repaso ampliación contenido	Nº .... Fecha ..../...../...
(14) MODIFICACIONES AL PRECEPTO/DECLARACIÓN DE NULIDAD	
(15) Incorporación a texto y programación arriba	SI/NO

☛ Artículo 113

Tema (1)	
Epígrafe (2)	
Artículos relacionados (3)	

1. El Congreso de los Diputados puede exigir la responsabilidad política del Gobierno mediante la adopción por mayoría absoluta de la moción de censura.

2. La moción de censura deberá ser propuesta al menos por la décima parte de los Diputados, y habrá de incluir un candidato a la Presidencia del Gobierno.

3. La moción de censura no podrá ser votada hasta que transcurran cinco días desde su presentación. En los dos primeros días de dicho plazo podrán presentarse mociones alternativas.

4. Si la moción de censura no fuere aprobada por el Congreso, sus signatarios no podrán presentar otra durante el mismo período de sesiones.

(4) Nº de lecturas/ Fecha programada próxima lectura	Nº .... Fecha ..../..../....

(5) PREGUNTAS TRAS LAS LECTURAS

(5.1.) ¿Cuál es el supuesto de hecho para que se dé la consecuencia jurídica?	(5.2.) ¿Qué consecuencia pasa o sucede si se da el supuesto de hecho?

(6) Nº de contestaciones total a todas las preguntas/ Fecha programada próxima contestación a todas las preguntas	Nº .... Fecha ..../..../....

(7) ESQUEMA	(9) RESUMEN

(8) Nº de repasos esquema/Fecha programada próximo repaso esquema	Nº .... Fecha ..../..../....	(10) Nº de repasos resumen/Fecha programada próximo repaso resumen	Nº .... Fecha ..../..../....
(11) TUS REGLAS NEMOTÉCNICAS			
(12) AMPLIACIÓN DEL CONTENIDO: PRECEPTOS DE ESTA NORMA/PRECEPTOS DE OTRAS NORMAS/DOCTRINA: SENTENCIAS O RESOLUCIONES DE ÓRGANOS CONSULTIVOS/NOTAS			
(13) Nº de repasos/ Fecha programada próximo repaso ampliación contenido			Nº .... Fecha ..../...../...
(14) MODIFICACIONES AL PRECEPTO/DECLARACIÓN DE NULIDAD			
(15) Incorporación a texto y programación arriba			SI/NO

☛ Artículo 114

Tema (1)	
Epígrafe (2)	
Artículos relacionados (3)	

1. Si el Congreso niega su confianza al Gobierno, éste presentará su dimisión al Rey, procediéndose a continuación a la designación de Presidente del Gobierno, según lo dispuesto en el artículo 99.

2. Si el Congreso adopta una moción de censura, el Gobierno presentará su dimisión al Rey y el candidato incluido en aquélla se entenderá investido de la confianza de la Cámara a los efectos previstos en el artículo 99. El Rey le nombrará Presidente del Gobierno.

<table>
<tr><td colspan="2">(4) Nº de lecturas/ Fecha programada próxima lectura</td><td>Nº ....
Fecha ..../..../....</td></tr>
<tr><td colspan="3">(5) PREGUNTAS TRAS LAS LECTURAS</td></tr>
<tr><td colspan="3"></td></tr>
<tr><td>(5.1.) ¿Cuál es el supuesto de hecho para que se dé la consecuencia jurídica?</td><td colspan="2">(5.2.) ¿Qué consecuencia pasa o sucede si se da el supuesto de hecho?</td></tr>
<tr><td></td><td colspan="2"></td></tr>
<tr><td colspan="2">(6) Nº de contestaciones total a todas las preguntas/
Fecha programada próxima contestación a todas las preguntas</td><td>Nº ....
Fecha ..../..../....</td></tr>
<tr><td>(7) ESQUEMA</td><td colspan="2">(9) RESUMEN</td></tr>
<tr><td></td><td colspan="2"></td></tr>
</table>

(8) Nº de repasos esquema/Fecha programada próximo repaso esquema	Nº .... Fecha ..../..../....	(10) Nº de repasos resumen/Fecha programada próximo repaso resumen	Nº .... Fecha ..../..../....
(11) TUS REGLAS NEMOTÉCNICAS			
(12) AMPLIACIÓN DEL CONTENIDO: PRECEPTOS DE ESTA NORMA/PRECEPTOS DE OTRAS NORMAS/DOCTRINA: SENTENCIAS O RESOLUCIONES DE ÓRGANOS CONSULTIVOS/NOTAS			
(13) Nº de repasos/ Fecha programada próximo repaso ampliación contenido			Nº .... Fecha ..../...../...
(14) MODIFICACIONES AL PRECEPTO/DECLARACIÓN DE NULIDAD			
(15) Incorporación a texto y programación arriba			SI/NO

☛ Artículo 115

Tema (1)	
Epígrafe (2)	
Artículos relacionados (3)	

1. El Presidente del Gobierno, previa deliberación del Consejo de Ministros, y bajo su exclusiva responsabilidad, podrá proponer la disolución del Congreso, del Senado o de las Cortes Generales, que será decretada por el Rey. El decreto de disolución fijará la fecha de las elecciones.

2. La propuesta de disolución no podrá presentarse cuando esté en trámite una moción de censura.

3. No procederá nueva disolución antes de que transcurra un año desde la anterior, salvo lo dispuesto en el artículo 99, apartado 5.

(4) Nº de lecturas/ Fecha programada próxima lectura	Nº ……….. Fecha …./…./….

(5) PREGUNTAS TRAS LAS LECTURAS

(5.1.) ¿Cuál es el supuesto de hecho para que se dé la consecuencia jurídica?	(5.2.) ¿Qué consecuencia pasa o sucede si se da el supuesto de hecho?

(6) Nº de contestaciones total a todas las preguntas/ Fecha programada próxima contestación a todas las preguntas	Nº ……….. Fecha …./…./….

(7) ESQUEMA	(9) RESUMEN

(8) Nº de repasos esquema/Fecha programada próximo repaso esquema	Nº .... Fecha ..../..../....	(10) Nº de repasos resumen/Fecha programada próximo repaso resumen	Nº .... Fecha ..../..../....
(11) TUS REGLAS NEMOTÉCNICAS			

(12) AMPLIACIÓN DEL CONTENIDO: PRECEPTOS DE ESTA NORMA/PRECEPTOS DE OTRAS NORMAS/DOCTRINA: SENTENCIAS O RESOLUCIONES DE ÓRGANOS CONSULTIVOS/NOTAS	
(13) Nº de repasos/ Fecha programada próximo repaso ampliación contenido	Nº .... Fecha ..../...../...
(14) MODIFICACIONES AL PRECEPTO/DECLARACIÓN DE NULIDAD	
(15) Incorporación a texto y programación arriba	SI/NO

☛ Artículo 116

Tema (1)	
Epígrafe (2)	
Artículos relacionados (3)	

1. Una ley orgánica regulará los estados de alarma, de excepción y de sitio, y las competencias y limitaciones correspondientes.

2. El estado de alarma será declarado por el Gobierno mediante decreto acordado en Consejo de Ministros por un plazo máximo de quince días, dando cuenta al Congreso de los Diputados, reunido inmediatamente al efecto y sin cuya autorización no podrá ser prorrogado dicho plazo. El decreto determinará el ámbito territorial a que se extienden los efectos de la declaración.

3. El estado de excepción será declarado por el Gobierno mediante decreto acordado en Consejo de Ministros, previa autorización del Congreso de los Diputados. La autorización y proclamación del estado de excepción deberá determinar expresamente los efectos del mismo, el ámbito territorial a que se extiende y su duración, que no podrá exceder de treinta días, prorrogables por otro plazo igual, con los mismos requisitos.

4. El estado de sitio será declarado por la mayoría absoluta del Congreso de los Diputados, a propuesta exclusiva del Gobierno. El Congreso determinará su ámbito territorial, duración y condiciones.

5. No podrá procederse a la disolución del Congreso mientras estén declarados algunos de los estados comprendidos en el presente artículo, quedando automáticamente convocadas las Cámaras si no estuvieren en período de sesiones. Su funcionamiento, así como el de los demás poderes constitucionales del Estado, no podrán interrumpirse durante la vigencia de estos estados.

Disuelto el Congreso o expirado su mandato, si se produjere alguna de las situaciones que dan lugar a cualquiera de dichos estados, las competencias del Congreso serán asumidas por su Diputación Permanente.

6. La declaración de los estados de alarma, de excepción y de sitio no modificarán el principio de responsabilidad del Gobierno y de sus agentes reconocidos en la Constitución y en las leyes.

<table>
<tr><td colspan="2">(4) Nº de lecturas/ Fecha programada próxima lectura</td><td>Nº ....
Fecha ..../..../....</td></tr>
<tr><td colspan="3">(5) PREGUNTAS TRAS LAS LECTURAS</td></tr>
<tr><td colspan="3"></td></tr>
<tr><td>(5.1.) ¿Cuál es el supuesto de hecho para que se dé la consecuencia jurídica?</td><td colspan="2">(5.2.) ¿Qué consecuencia pasa o sucede si se da el supuesto de hecho?</td></tr>
<tr><td></td><td colspan="2"></td></tr>
<tr><td colspan="2">(6) Nº de contestaciones total a todas las preguntas/
Fecha programada próxima contestación a todas las preguntas</td><td>Nº ....
Fecha ..../..../....</td></tr>
</table>

<table>
<tr><th colspan="2">(7) ESQUEMA</th><th colspan="2">(9) RESUMEN</th></tr>
<tr><td colspan="2"></td><td colspan="2"></td></tr>
<tr><td>(8) Nº de repasos esquema/Fecha programada próximo repaso esquema</td><td>Nº ....
Fecha ..../..../....</td><td>(10) Nº de repasos resumen/Fecha programada próximo repaso resumen</td><td>Nº ....
Fecha ..../..../....</td></tr>
<tr><td>(11) TUS REGLAS NEMOTÉCNICAS</td><td colspan="3"></td></tr>
<tr><th colspan="4">(12) AMPLIACIÓN DEL CONTENIDO:
PRECEPTOS DE ESTA NORMA/PRECEPTOS DE OTRAS NORMAS/DOCTRINA: SENTENCIAS O RESOLUCIONES DE ÓRGANOS CONSULTIVOS/NOTAS</th></tr>
<tr><td colspan="4"></td></tr>
<tr><td colspan="3">(13) Nº de repasos/ Fecha programada próximo repaso ampliación contenido</td><td>Nº ....
Fecha ..../...../...</td></tr>
</table>

(14) MODIFICACIONES AL PRECEPTO/DECLARACIÓN DE NULIDAD	
(15) Incorporación a texto y programación arriba	SI/NO

TÍTULO VI

Del Poder Judicial

Artículo 117

Tema (1)	
Epígrafe (2)	
Artículos relacionados (3)	

1. La justicia emana del pueblo y se administra en nombre del Rey por Jueces y Magistrados integrantes del poder judicial, independientes, inamovibles, responsables y sometidos únicamente al imperio de la ley.

2. Los Jueces y Magistrados no podrán ser separados, suspendidos, trasladados ni jubilados, sino por alguna de las causas y con las garantías previstas en la ley.

3. El ejercicio de la potestad jurisdiccional en todo tipo de procesos, juzgando y haciendo ejecutar lo juzgado, corresponde exclusivamente a los Juzgados y Tribunales determinados por las leyes, según las normas de competencia y procedimiento que las mismas establezcan.

4. Los Juzgados y Tribunales no ejercerán más funciones que las señaladas en el apartado anterior y las que expresamente les sean atribuidas por ley en garantía de cualquier derecho.

5. El principio de unidad jurisdiccional es la base de la organización y funcionamiento de los Tribunales. La ley regulará el ejercicio de la jurisdicción militar en el ámbito estrictamente castrense y en los supuestos de estado de sitio, de acuerdo con los principios de la Constitución.

6. Se prohíben los Tribunales de excepción.

(4) Nº de lecturas/ Fecha programada próxima lectura	Nº .... Fecha ..../..../....
(5) PREGUNTAS TRAS LAS LECTURAS	

(5.1.) ¿Cuál es el supuesto de hecho para que se dé la consecuencia jurídica?	(5.2.) ¿Qué consecuencia pasa o sucede si se da el supuesto de hecho?

(6) Nº de contestaciones total a todas las preguntas/ Fecha programada próxima contestación a todas las preguntas	Nº .... Fecha ..../..../....

(7) ESQUEMA	(9) RESUMEN

(8) Nº de repasos esquema/Fecha programada próximo repaso esquema	Nº .... Fecha ..../..../....	(10) Nº de repasos resumen/Fecha programada próximo repaso resumen	Nº .... Fecha ..../..../....

(11) TUS REGLAS NEMOTÉCNICAS	

(12) AMPLIACIÓN DEL CONTENIDO: PRECEPTOS DE ESTA NORMA/PRECEPTOS DE OTRAS NORMAS/DOCTRINA: SENTENCIAS O RESOLUCIONES DE ÓRGANOS CONSULTIVOS/NOTAS	
(13) Nº de repasos/ Fecha programada próximo repaso ampliación contenido	Nº .... Fecha ..../...../...
(14) MODIFICACIONES AL PRECEPTO/DECLARACIÓN DE NULIDAD	
(15) Incorporación a texto y programación arriba	SI/NO

Artículo 118

Tema (1)	
Epígrafe (2)	
Artículos relacionados (3)	

Es obligado cumplir las sentencias y demás resoluciones firmes de los Jueces y Tribunales, así como prestar la colaboración requerida por éstos en el curso del proceso y en la ejecución de lo resuelto.

(4) Nº de lecturas/ Fecha programada próxima lectura	Nº .... Fecha ..../..../....
(5) PREGUNTAS TRAS LAS LECTURAS	

<table>
<tr><th colspan="2">(5.1.) ¿Cuál es el supuesto de hecho para que se dé la consecuencia jurídica?</th><th colspan="2">(5.2.) ¿Qué consecuencia pasa o sucede si se da el supuesto de hecho?</th></tr>
<tr><td colspan="2"></td><td colspan="2"></td></tr>
<tr><td colspan="3">(6) Nº de contestaciones total a todas las preguntas/
Fecha programada próxima contestación a todas las preguntas</td><td>Nº ....
Fecha ..../..../....</td></tr>
<tr><th colspan="2">(7) ESQUEMA</th><th colspan="2">(9) RESUMEN</th></tr>
<tr><td colspan="2"></td><td colspan="2"></td></tr>
<tr><td>(8) Nº de repasos esquema/Fecha programada próximo repaso esquema</td><td>Nº ....
Fecha ..../..../....</td><td>(10) Nº de repasos resumen/Fecha programada próximo repaso resumen</td><td>Nº ....
Fecha ..../..../....</td></tr>
</table>

(11) TUS REGLAS NEMOTÉCNICAS	

(12) AMPLIACIÓN DEL CONTENIDO: PRECEPTOS DE ESTA NORMA/PRECEPTOS DE OTRAS NORMAS/DOCTRINA: SENTENCIAS O RESOLUCIONES DE ÓRGANOS CONSULTIVOS/NOTAS

(13) Nº de repasos/ Fecha programada próximo repaso ampliación contenido	Nº .... Fecha ..../...../...

(14) MODIFICACIONES AL PRECEPTO/DECLARACIÓN DE NULIDAD

(15) Incorporación a texto y programación arriba	SI/NO

☛ Artículo 119

Tema (1)	
Epígrafe (2)	
Artículos relacionados (3)	

La justicia será gratuita cuando así lo disponga la ley y, en todo caso, respecto de quienes acrediten insuficiencia de recursos para litigar.

(4) Nº de lecturas/ Fecha programada próxima lectura	Nº .... Fecha ..../..../....

(5) PREGUNTAS TRAS LAS LECTURAS

<table>
<tr><td colspan="2">(5.1.) ¿Cuál es el supuesto de hecho para que se dé la consecuencia jurídica?</td><td colspan="2">(5.2.) ¿Qué consecuencia pasa o sucede si se da el supuesto de hecho?</td></tr>
<tr><td colspan="2"></td><td colspan="2"></td></tr>
<tr><td colspan="3">(6) Nº de contestaciones total a todas las preguntas/
Fecha programada próxima contestación a todas las preguntas</td><td>Nº ....
Fecha ..../..../....</td></tr>
<tr><td colspan="2">(7) ESQUEMA</td><td colspan="2">(9) RESUMEN</td></tr>
<tr><td colspan="2"></td><td colspan="2"></td></tr>
<tr><td>(8) Nº de repasos esquema/Fecha programada próximo repaso esquema</td><td>Nº ....
Fecha ..../..../....</td><td>(10) Nº de repasos resumen/Fecha programada próximo repaso resumen</td><td>Nº ....
Fecha ..../..../....</td></tr>
<tr><td>(11) TUS REGLAS NEMOTÉCNICAS</td><td colspan="3"></td></tr>
</table>

(12) AMPLIACIÓN DEL CONTENIDO: PRECEPTOS DE ESTA NORMA/PRECEPTOS DE OTRAS NORMAS/DOCTRINA: SENTENCIAS O RESOLUCIONES DE ÓRGANOS CONSULTIVOS/NOTAS	
(13) Nº de repasos/ Fecha programada próximo repaso ampliación contenido	Nº ……….. Fecha …./…../…
(14) MODIFICACIONES AL PRECEPTO/DECLARACIÓN DE NULIDAD	
(15) Incorporación a texto y programación arriba	SI/NO

Artículo 120

Tema (1)	
Epígrafe (2)	
Artículos relacionados (3)	

1. Las actuaciones judiciales serán públicas, con las excepciones que prevean las leyes de procedimiento.

2. El procedimiento será predominantemente oral, sobre todo en materia criminal.

3. Las sentencias serán siempre motivadas y se pronunciarán en audiencia pública.

(4) Nº de lecturas/ Fecha programada próxima lectura	Nº ……….. Fecha …./…./….
(5) PREGUNTAS TRAS LAS LECTURAS	

<table>
<tr><th colspan="2">(5.1.) ¿Cuál es el supuesto de hecho para que se dé la consecuencia jurídica?</th><th colspan="2">(5.2.) ¿Qué consecuencia pasa o sucede si se da el supuesto de hecho?</th></tr>
<tr><td colspan="2"></td><td colspan="2"></td></tr>
<tr><td colspan="3">(6) Nº de contestaciones total a todas las preguntas/
Fecha programada próxima contestación a todas las preguntas</td><td>Nº ....
Fecha ..../..../....</td></tr>
<tr><th colspan="2">(7) ESQUEMA</th><th colspan="2">(9) RESUMEN</th></tr>
<tr><td colspan="2"></td><td colspan="2"></td></tr>
<tr><td>(8) Nº de repasos esquema/Fecha programada próximo repaso esquema</td><td>Nº ....
Fecha ..../..../....</td><td>(10) Nº de repasos resumen/Fecha programada próximo repaso resumen</td><td>Nº ....
Fecha ..../..../....</td></tr>
<tr><td>(11) TUS REGLAS NEMOTÉCNICAS</td><td colspan="3"></td></tr>
</table>

(12) AMPLIACIÓN DEL CONTENIDO: PRECEPTOS DE ESTA NORMA/PRECEPTOS DE OTRAS NORMAS/DOCTRINA: SENTENCIAS O RESOLUCIONES DE ÓRGANOS CONSULTIVOS/NOTAS	
(13) Nº de repasos/ Fecha programada próximo repaso ampliación contenido	Nº .... Fecha ..../...../...
(14) MODIFICACIONES AL PRECEPTO/DECLARACIÓN DE NULIDAD	
(15) Incorporación a texto y programación arriba	SI/NO

☛ Artículo 121

Tema (1)	
Epígrafe (2)	
Artículos relacionados (3)	

Los daños causados por error judicial, así como los que sean consecuencia del funcionamiento anormal de la Administración de Justicia, darán derecho a una indemnización a cargo del Estado, conforme a la ley.

(4) Nº de lecturas/ Fecha programada próxima lectura	Nº .... Fecha ..../..../....
(5) PREGUNTAS TRAS LAS LECTURAS	

<table>
<tr><td colspan="2">(5.1.) ¿Cuál es el supuesto de hecho para que se dé la consecuencia jurídica?</td><td colspan="2">(5.2.) ¿Qué consecuencia pasa o sucede si se da el supuesto de hecho?</td></tr>
<tr><td colspan="2"></td><td colspan="2"></td></tr>
<tr><td colspan="3">(6) Nº de contestaciones total a todas las preguntas/
Fecha programada próxima contestación a todas las preguntas</td><td>Nº ....
Fecha ..../..../....</td></tr>
<tr><td colspan="2">(7) ESQUEMA</td><td colspan="2">(9) RESUMEN</td></tr>
<tr><td colspan="2"></td><td colspan="2"></td></tr>
<tr><td>(8) Nº de repasos esquema/Fecha programada próximo repaso esquema</td><td>Nº ....
Fecha ..../..../....</td><td>(10) Nº de repasos resumen/Fecha programada próximo repaso resumen</td><td>Nº ....
Fecha ..../..../....</td></tr>
<tr><td>(11) TUS REGLAS NEMOTÉCNICAS</td><td colspan="3"></td></tr>
</table>

(12) AMPLIACIÓN DEL CONTENIDO: PRECEPTOS DE ESTA NORMA/PRECEPTOS DE OTRAS NORMAS/DOCTRINA: SENTENCIAS O RESOLUCIONES DE ÓRGANOS CONSULTIVOS/NOTAS	
(13) Nº de repasos/ Fecha programada próximo repaso ampliación contenido	Nº .... Fecha ..../...../...
(14) MODIFICACIONES AL PRECEPTO/DECLARACIÓN DE NULIDAD	
(15) Incorporación a texto y programación arriba	SI/NO

☛ Artículo 122

Tema (1)	
Epígrafe (2)	
Artículos relacionados (3)	

1. La ley orgánica del poder judicial determinará la constitución, funcionamiento y gobierno de los Juzgados y Tribunales, así como el estatuto jurídico de los Jueces y Magistrados de carrera, que formarán un Cuerpo único, y del personal al servicio de la Administración de Justicia.

2. El Consejo General del Poder Judicial es el órgano de gobierno del mismo. La ley orgánica establecerá su estatuto y el régimen de incompatibilidades de sus miembros y sus funciones, en particular en materia de nombramientos, ascensos, inspección y régimen disciplinario.

3. El Consejo General del Poder Judicial estará integrado por el Presidente del Tribunal Supremo, que lo presidirá, y por veinte miembros nombrados por el Rey por un período de cinco años. De éstos, doce entre Jueces y Magistrados de todas las categorías judiciales, en los términos que establezca la ley orgánica; cuatro a propuesta del Congreso de los Diputados, y cuatro a propuesta del Senado, elegidos en ambos casos por mayoría de tres quintos de sus miembros, entre abogados y otros juristas, todos ellos de reconocida competencia y con más de quince años de ejercicio en su profesión.

(4) Nº de lecturas/ Fecha programada próxima lectura	Nº .... Fecha ..../..../....

(5) PREGUNTAS TRAS LAS LECTURAS

(5.1.) ¿Cuál es el supuesto de hecho para que se dé la consecuencia jurídica?	(5.2.) ¿Qué consecuencia pasa o sucede si se da el supuesto de hecho?

(6) Nº de contestaciones total a todas las preguntas/ Fecha programada próxima contestación a todas las preguntas	Nº .... Fecha ..../..../....

(7) ESQUEMA	(9) RESUMEN

(8) Nº de repasos esquema/Fecha programada próximo repaso esquema	Nº .... Fecha ..../..../....	(10) Nº de repasos resumen/Fecha programada próximo repaso resumen	Nº .... Fecha ..../..../....
(11) TUS REGLAS NEMOTÉCNICAS			

(12) AMPLIACIÓN DEL CONTENIDO: PRECEPTOS DE ESTA NORMA/PRECEPTOS DE OTRAS NORMAS/DOCTRINA: SENTENCIAS O RESOLUCIONES DE ÓRGANOS CONSULTIVOS/NOTAS	
(13) Nº de repasos/ Fecha programada próximo repaso ampliación contenido	Nº .... Fecha ..../...../...
(14) MODIFICACIONES AL PRECEPTO/DECLARACIÓN DE NULIDAD	
(15) Incorporación a texto y programación arriba	SI/NO

☛ Artículo 123

Tema (1)	
Epígrafe (2)	
Artículos relacionados (3)	

1. El Tribunal Supremo, con jurisdicción en toda España, es el órgano jurisdiccional superior en todos los órdenes, salvo lo dispuesto en materia de garantías constitucionales.

2. El Presidente del Tribunal Supremo será nombrado por el Rey, a propuesta del Consejo General del Poder Judicial, en la forma que determine la ley.

(4) Nº de lecturas/ Fecha programada próxima lectura	Nº ……….. Fecha …./…./….

(5) PREGUNTAS TRAS LAS LECTURAS

(5.1.) ¿Cuál es el supuesto de hecho para que se dé la consecuencia jurídica?	(5.2.) ¿Qué consecuencia pasa o sucede si se da el supuesto de hecho?

(6) Nº de contestaciones total a todas las preguntas/ Fecha programada próxima contestación a todas las preguntas	Nº ……….. Fecha …./…./….

(7) ESQUEMA	(9) RESUMEN

(8) Nº de repasos esquema/Fecha programada próximo repaso esquema	Nº ……….. Fecha …./…./….	(10) Nº de repasos resumen/Fecha programada próximo repaso resumen	Nº ……….. Fecha …./…./….
(11) TUS REGLAS NEMOTÉCNICAS			

(12) AMPLIACIÓN DEL CONTENIDO: PRECEPTOS DE ESTA NORMA/PRECEPTOS DE OTRAS NORMAS/DOCTRINA: SENTENCIAS O RESOLUCIONES DE ÓRGANOS CONSULTIVOS/NOTAS

(13) Nº de repasos/ Fecha programada próximo repaso ampliación contenido	Nº ……….. Fecha …./…../…
(14) MODIFICACIONES AL PRECEPTO/DECLARACIÓN DE NULIDAD	
(15) Incorporación a texto y programación arriba	SI/NO

☛ Artículo 124

Tema (1)	
Epígrafe (2)	
Artículos relacionados (3)	

1. El Ministerio Fiscal, sin perjuicio de las funciones encomendadas a otros órganos, tiene por misión promover la acción de la justicia en defensa de la legalidad, de los derechos de los ciudadanos y del interés público tutelado por la ley, de oficio o a petición de los interesados, así como velar por la independencia de los Tribunales y procurar ante éstos la satisfacción del interés social.

2. El Ministerio Fiscal ejerce sus funciones por medio de órganos propios conforme a los principios de unidad de actuación y dependencia jerárquica y con sujeción, en todo caso, a los de legalidad e imparcialidad.

3. La ley regulará el estatuto orgánico del Ministerio Fiscal.

4. El Fiscal General del Estado será nombrado por el Rey, a propuesta del Gobierno, oído el Consejo General del Poder Judicial.

<table>
<tr><td colspan="2">(4) Nº de lecturas/ Fecha programada próxima lectura</td><td>Nº ....
Fecha ..../..../....</td></tr>
<tr><td colspan="3">(5) PREGUNTAS TRAS LAS LECTURAS</td></tr>
<tr><td colspan="3"></td></tr>
<tr><td>(5.1.) ¿Cuál es el supuesto de hecho para que se dé la consecuencia jurídica?</td><td colspan="2">(5.2.) ¿Qué consecuencia pasa o sucede si se da el supuesto de hecho?</td></tr>
<tr><td></td><td colspan="2"></td></tr>
<tr><td colspan="2">(6) Nº de contestaciones total a todas las preguntas/
Fecha programada próxima contestación a todas las preguntas</td><td>Nº ....
Fecha ..../..../....</td></tr>
<tr><td>(7) ESQUEMA</td><td colspan="2">(9) RESUMEN</td></tr>
<tr><td></td><td colspan="2"></td></tr>
</table>

(8) Nº de repasos esquema/Fecha programada próximo repaso esquema	Nº .... Fecha ..../..../....	(10) Nº de repasos resumen/Fecha programada próximo repaso resumen	Nº .... Fecha ..../..../....
(11) TUS REGLAS NEMOTÉCNICAS			

(12) AMPLIACIÓN DEL CONTENIDO: PRECEPTOS DE ESTA NORMA/PRECEPTOS DE OTRAS NORMAS/DOCTRINA: SENTENCIAS O RESOLUCIONES DE ÓRGANOS CONSULTIVOS/NOTAS

(13) Nº de repasos/ Fecha programada próximo repaso ampliación contenido	Nº .... Fecha ..../...../...
(14) MODIFICACIONES AL PRECEPTO/DECLARACIÓN DE NULIDAD	
(15) Incorporación a texto y programación arriba	SI/NO

☛ Artículo 125

Tema (1)	
Epígrafe (2)	
Artículos relacionados (3)	

Los ciudadanos podrán ejercer la acción popular y participar en la Administración de Justicia mediante la institución del Jurado, en la forma y con respecto a aquellos procesos penales que la ley determine, así como en los Tribunales consuetudinarios y tradicionales.

(4) Nº de lecturas/ Fecha programada próxima lectura	Nº .... Fecha ..../..../....

(5) PREGUNTAS TRAS LAS LECTURAS

(5.1.) ¿Cuál es el supuesto de hecho para que se dé la consecuencia jurídica?	(5.2.) ¿Qué consecuencia pasa o sucede si se da el supuesto de hecho?

(6) Nº de contestaciones total a todas las preguntas/ Fecha programada próxima contestación a todas las preguntas	Nº .... Fecha ..../..../....

(7) ESQUEMA	(9) RESUMEN

(8) Nº de repasos esquema/Fecha programada próximo repaso esquema	Nº .... Fecha ..../..../....	(10) Nº de repasos resumen/Fecha programada próximo repaso resumen	Nº .... Fecha ..../..../....
(11) TUS REGLAS NEMOTÉCNICAS			

(12) AMPLIACIÓN DEL CONTENIDO: PRECEPTOS DE ESTA NORMA/PRECEPTOS DE OTRAS NORMAS/DOCTRINA: SENTENCIAS O RESOLUCIONES DE ÓRGANOS CONSULTIVOS/NOTAS

(13) Nº de repasos/ Fecha programada próximo repaso ampliación contenido	Nº .... Fecha ..../...../...
(14) MODIFICACIONES AL PRECEPTO/DECLARACIÓN DE NULIDAD	
(15) Incorporación a texto y programación arriba	SI/NO

☛ Artículo 125

Tema (1)	
Epígrafe (2)	
Artículos relacionados (3)	

Los ciudadanos podrán ejercer la acción popular y participar en la Administración de Justicia mediante la institución del Jurado, en la forma y con respecto a aquellos procesos penales que la ley determine, así como en los Tribunales consuetudinarios y tradicionales.

(4) Nº de lecturas/ Fecha programada próxima lectura	Nº .... Fecha ..../..../....

<table>
<tr><th colspan="4">(5) PREGUNTAS TRAS LAS LECTURAS</th></tr>
<tr><td colspan="4"></td></tr>
<tr><th colspan="2">(5.1.) ¿Cuál es el supuesto de hecho para que se dé la consecuencia jurídica?</th><th colspan="2">(5.2.) ¿Qué consecuencia pasa o sucede si se da el supuesto de hecho?</th></tr>
<tr><td colspan="2"></td><td colspan="2"></td></tr>
<tr><th colspan="3">(6) Nº de contestaciones total a todas las preguntas/
Fecha programada próxima contestación a todas las preguntas</th><td>Nº ………..
Fecha …./…./….</td></tr>
<tr><th colspan="2">(7) ESQUEMA</th><th colspan="2">(9) RESUMEN</th></tr>
<tr><td colspan="2"></td><td colspan="2"></td></tr>
<tr><th>(8) Nº de repasos esquema/Fecha programada próximo repaso esquema</th><td>Nº ………..
Fecha …./…./….</td><th>(10) Nº de repasos resumen/Fecha programada próximo repaso resumen</th><td>Nº ………..
Fecha …./…./….</td></tr>
</table>

(11) TUS REGLAS NEMOTÉCNICAS	

(12) AMPLIACIÓN DEL CONTENIDO: PRECEPTOS DE ESTA NORMA/PRECEPTOS DE OTRAS NORMAS/DOCTRINA: SENTENCIAS O RESOLUCIONES DE ÓRGANOS CONSULTIVOS/NOTAS

(13) Nº de repasos/ Fecha programada próximo repaso ampliación contenido	Nº .... Fecha ..../...../...

(14) MODIFICACIONES AL PRECEPTO/DECLARACIÓN DE NULIDAD

(15) Incorporación a texto y programación arriba	SI/NO

Artículo 126

Tema (1)	
Epígrafe (2)	
Artículos relacionados (3)	

La policía judicial depende de los Jueces, de los Tribunales y del Ministerio Fiscal en sus funciones de averiguación del delito y descubrimiento y aseguramiento del delincuente, en los términos que la ley establezca.

(4) Nº de lecturas/ Fecha programada próxima lectura	Nº .... Fecha ..../..../....

(5) PREGUNTAS TRAS LAS LECTURAS

<table>
<tr><td colspan="2">(5.1.) ¿Cuál es el supuesto de hecho para que se dé la consecuencia jurídica?</td><td colspan="2">(5.2.) ¿Qué consecuencia pasa o sucede si se da el supuesto de hecho?</td></tr>
<tr><td colspan="2"></td><td colspan="2"></td></tr>
<tr><td colspan="3">(6) Nº de contestaciones total a todas las preguntas/
Fecha programada próxima contestación a todas las preguntas</td><td>Nº ....
Fecha ..../..../....</td></tr>
<tr><td colspan="2">(7) ESQUEMA</td><td colspan="2">(9) RESUMEN</td></tr>
<tr><td colspan="2"></td><td colspan="2"></td></tr>
<tr><td>(8) Nº de repasos esquema/Fecha programada próximo repaso esquema</td><td>Nº ....
Fecha ..../..../....</td><td>(10) Nº de repasos resumen/Fecha programada próximo repaso resumen</td><td>Nº ....
Fecha ..../..../....</td></tr>
</table>

(11) TUS REGLAS NEMOTÉCNICAS	
(12) AMPLIACIÓN DEL CONTENIDO: PRECEPTOS DE ESTA NORMA/PRECEPTOS DE OTRAS NORMAS/DOCTRINA: SENTENCIAS O RESOLUCIONES DE ÓRGANOS CONSULTIVOS/NOTAS	
(13) Nº de repasos/ Fecha programada próximo repaso ampliación contenido	Nº .... Fecha ..../...../...
(14) MODIFICACIONES AL PRECEPTO/DECLARACIÓN DE NULIDAD	
(15) Incorporación a texto y programación arriba	SI/NO

Artículo 127

Tema (1)	
Epígrafe (2)	
Artículos relacionados (3)	

1. Los Jueces y Magistrados así como los Fiscales, mientras se hallen en activo, no podrán desempeñar otros cargos públicos, ni pertenecer a partidos políticos o sindicatos. La ley establecerá el sistema y modalidades de asociación profesional de los Jueces, Magistrados y Fiscales.

2. La ley establecerá el régimen de incompatibilidades de los miembros del poder judicial, que deberá asegurar la total independencia de los mismos.

<table>
<tr><td colspan="2">(4) Nº de lecturas/ Fecha programada próxima lectura</td><td>Nº ....
Fecha ..../..../....</td></tr>
<tr><td colspan="3">(5) PREGUNTAS TRAS LAS LECTURAS</td></tr>
<tr><td colspan="3"></td></tr>
<tr><td>(5.1.) ¿Cuál es el supuesto de hecho para que se dé la consecuencia jurídica?</td><td colspan="2">(5.2.) ¿Qué consecuencia pasa o sucede si se da el supuesto de hecho?</td></tr>
<tr><td></td><td colspan="2"></td></tr>
<tr><td colspan="2">(6) Nº de contestaciones total a todas las preguntas/
Fecha programada próxima contestación a todas las preguntas</td><td>Nº ....
Fecha ..../..../....</td></tr>
<tr><td>(7) ESQUEMA</td><td colspan="2">(9) RESUMEN</td></tr>
<tr><td></td><td colspan="2"></td></tr>
</table>

<table>
<tr><td>(8) Nº de repasos esquema/Fecha programada próximo repaso esquema</td><td>Nº ....
Fecha ..../..../....</td><td>(10) Nº de repasos resumen/Fecha programada próximo repaso resumen</td><td>Nº ....
Fecha ..../..../....</td></tr>
<tr><td>(11) TUS REGLAS NEMOTÉCNICAS</td><td colspan="3"></td></tr>
<tr><td colspan="4">(12) AMPLIACIÓN DEL CONTENIDO:
PRECEPTOS DE ESTA NORMA/PRECEPTOS DE OTRAS NORMAS/DOCTRINA: SENTENCIAS O RESOLUCIONES DE ÓRGANOS CONSULTIVOS/NOTAS</td></tr>
<tr><td colspan="4"></td></tr>
<tr><td colspan="3">(13) Nº de repasos/ Fecha programada próximo repaso ampliación contenido</td><td>Nº ....
Fecha ..../...../...</td></tr>
<tr><td colspan="4">(14) MODIFICACIONES AL PRECEPTO/DECLARACIÓN DE NULIDAD</td></tr>
<tr><td colspan="4"></td></tr>
<tr><td colspan="3">(15) Incorporación a texto y programación arriba</td><td>SI/NO</td></tr>
</table>

TÍTULO VII

Economía y Hacienda

☛ Artículo 128

Tema (1)	
Epígrafe (2)	
Artículos relacionados (3)	

1. Toda la riqueza del país en sus distintas formas y sea cual fuere su titularidad está subordinada al interés general.

2. Se reconoce la iniciativa pública en la actividad económica. Mediante ley se podrá reservar al sector público recursos o servicios esenciales, especialmente en caso de monopolio y asimismo acordar la intervención de empresas cuando así lo exigiere el interés general.

(4) Nº de lecturas/ Fecha programada próxima lectura	**Nº ....** **Fecha ..../..../....**
(5) PREGUNTAS TRAS LAS LECTURAS	
(5.1.) ¿Cuál es el supuesto de hecho para que se dé la consecuencia jurídica?	**(5.2.) ¿Qué consecuencia pasa o sucede si se da el supuesto de hecho?**
(6) Nº de contestaciones total a todas las preguntas/ Fecha programada próxima contestación a todas las preguntas	**Nº ....** **Fecha ..../..../....**

(7) ESQUEMA		(9) RESUMEN	
(8) Nº de repasos esquema/Fecha programada próximo repaso esquema	Nº .... Fecha ..../..../....	(10) Nº de repasos resumen/Fecha programada próximo repaso resumen	Nº .... Fecha ..../..../....
(11) TUS REGLAS NEMOTÉCNICAS			

(12) AMPLIACIÓN DEL CONTENIDO: PRECEPTOS DE ESTA NORMA/PRECEPTOS DE OTRAS NORMAS/DOCTRINA: SENTENCIAS O RESOLUCIONES DE ÓRGANOS CONSULTIVOS/NOTAS

(13) Nº de repasos/ Fecha programada próximo repaso ampliación contenido	Nº .... Fecha ..../...../...
(14) MODIFICACIONES AL PRECEPTO/DECLARACIÓN DE NULIDAD	
(15) Incorporación a texto y programación arriba	SI/NO

☛ Artículo 129

Tema (1)	
Epígrafe (2)	
Artículos relacionados (3)	

1. La ley establecerá las formas de participación de los interesados en la Seguridad Social y en la actividad de los organismos públicos cuya función afecte directamente a la calidad de la vida o al bienestar general.

2. Los poderes públicos promoverán eficazmente las diversas formas de participación en la empresa y fomentarán, mediante una legislación adecuada, las sociedades cooperativas. También establecerán los medios que faciliten el acceso de los trabajadores a la propiedad de los medios de producción.

(4) Nº de lecturas/ Fecha programada próxima lectura	Nº .... Fecha ..../..../....
(5) PREGUNTAS TRAS LAS LECTURAS	

(5.1.) ¿Cuál es el supuesto de hecho para que se dé la consecuencia jurídica?	(5.2.) ¿Qué consecuencia pasa o sucede si se da el supuesto de hecho?

(6) Nº de contestaciones total a todas las preguntas/ Fecha programada próxima contestación a todas las preguntas	Nº ……….. Fecha …./…./….

(7) ESQUEMA	(9) RESUMEN

(8) Nº de repasos esquema/Fecha programada próximo repaso esquema	Nº ……….. Fecha …./…./….	(10) Nº de repasos resumen/Fecha programada próximo repaso resumen	Nº ……….. Fecha …./…./….

(11) TUS REGLAS NEMOTÉCNICAS	

(12) AMPLIACIÓN DEL CONTENIDO: PRECEPTOS DE ESTA NORMA/PRECEPTOS DE OTRAS NORMAS/DOCTRINA: SENTENCIAS O RESOLUCIONES DE ÓRGANOS CONSULTIVOS/NOTAS	
(13) Nº de repasos/ Fecha programada próximo repaso ampliación contenido	Nº .... Fecha ..../...../...
(14) MODIFICACIONES AL PRECEPTO/DECLARACIÓN DE NULIDAD	
(15) Incorporación a texto y programación arriba	SI/NO

☛ Artículo 130

Tema (1)	
Epígrafe (2)	
Artículos relacionados (3)	

1. Los poderes públicos atenderán a la modernización y desarrollo de todos los sectores económicos y, en particular, de la agricultura, de la ganadería, de la pesca y de la artesanía, a fin de equiparar el nivel de vida de todos los españoles.

2. Con el mismo fin, se dispensará un tratamiento especial a las zonas de montaña.

(4) Nº de lecturas/ Fecha programada próxima lectura	Nº .... Fecha ..../..../....
(5) PREGUNTAS TRAS LAS LECTURAS	

<table>
<tr><td colspan="2">(5.1.) ¿Cuál es el supuesto de hecho para que se dé la consecuencia jurídica?</td><td colspan="2">(5.2.) ¿Qué consecuencia pasa o sucede si se da el supuesto de hecho?</td></tr>
<tr><td colspan="2"></td><td colspan="2"></td></tr>
<tr><td colspan="3">(6) Nº de contestaciones total a todas las preguntas/
Fecha programada próxima contestación a todas las preguntas</td><td>Nº ....
Fecha ..../..../....</td></tr>
<tr><td colspan="2">(7) ESQUEMA</td><td colspan="2">(9) RESUMEN</td></tr>
<tr><td colspan="2"></td><td colspan="2"></td></tr>
<tr><td>(8) Nº de repasos esquema/Fecha programada próximo repaso esquema</td><td>Nº ....
Fecha ..../..../....</td><td>(10) Nº de repasos resumen/Fecha programada próximo repaso resumen</td><td>Nº ....
Fecha ..../..../....</td></tr>
<tr><td>(11) TUS REGLAS NEMOTÉCNICAS</td><td colspan="3"></td></tr>
</table>

(12) AMPLIACIÓN DEL CONTENIDO: PRECEPTOS DE ESTA NORMA/PRECEPTOS DE OTRAS NORMAS/DOCTRINA: SENTENCIAS O RESOLUCIONES DE ÓRGANOS CONSULTIVOS/NOTAS	
(13) Nº de repasos/ Fecha programada próximo repaso ampliación contenido	Nº .... Fecha ..../...../...
(14) MODIFICACIONES AL PRECEPTO/DECLARACIÓN DE NULIDAD	
(15) Incorporación a texto y programación arriba	SI/NO

☛ Artículo 131

Tema (1)	
Epígrafe (2)	
Artículos relacionados (3)	

1. El Estado, mediante ley, podrá planificar la actividad económica general para atender a las necesidades colectivas, equilibrar y armonizar el desarrollo regional y sectorial y estimular el crecimiento de la renta y de la riqueza y su más justa distribución.

2. El Gobierno elaborará los proyectos de planificación, de acuerdo con las previsiones que le sean suministradas por las Comunidades Autónomas y el asesoramiento y colaboración de los sindicatos y otras organizaciones profesionales, empresariales y económicas. A tal fin se constituirá un Consejo, cuya composición y funciones se desarrollarán por ley.

(4) Nº de lecturas/ Fecha programada próxima lectura	Nº .... Fecha ..../..../....
(5) PREGUNTAS TRAS LAS LECTURAS	

(5.1.) ¿Cuál es el supuesto de hecho para que se dé la consecuencia jurídica?	(5.2.) ¿Qué consecuencia pasa o sucede si se da el supuesto de hecho?

(6) Nº de contestaciones total a todas las preguntas/ Fecha programada próxima contestación a todas las preguntas	Nº .... Fecha ..../..../....

(7) ESQUEMA	(9) RESUMEN

(8) Nº de repasos esquema/Fecha programada próximo repaso esquema	Nº .... Fecha ..../..../....	(10) Nº de repasos resumen/Fecha programada próximo repaso resumen	Nº .... Fecha ..../..../....

(11) TUS REGLAS NEMOTÉCNICAS	

(12) AMPLIACIÓN DEL CONTENIDO: PRECEPTOS DE ESTA NORMA/PRECEPTOS DE OTRAS NORMAS/DOCTRINA: SENTENCIAS O RESOLUCIONES DE ÓRGANOS CONSULTIVOS/NOTAS	
(13) Nº de repasos/ Fecha programada próximo repaso ampliación contenido	Nº ……….. Fecha …./…../…
(14) MODIFICACIONES AL PRECEPTO/DECLARACIÓN DE NULIDAD	
(15) Incorporación a texto y programación arriba	SI/NO

☛ Artículo 132

Tema (1)	
Epígrafe (2)	
Artículos relacionados (3)	

1. La ley regulará el régimen jurídico de los bienes de dominio público y de los comunales, inspirándose en los principios de inalienabilidad, imprescriptibilidad e inembargabilidad, así como su desafectación.

2. Son bienes de dominio público estatal los que determine la ley y, en todo caso, la zona marítimo-terrestre, las playas, el mar territorial y los recursos naturales de la zona económica y la plataforma continental.

3. Por ley se regularán el Patrimonio del Estado y el Patrimonio Nacional, su administración, defensa y conservación.

(4) Nº de lecturas/ Fecha programada próxima lectura	Nº ……….. Fecha …./…./….
(5) PREGUNTAS TRAS LAS LECTURAS	

(5.1.) ¿Cuál es el supuesto de hecho para que se dé la consecuencia jurídica?	(5.2.) ¿Qué consecuencia pasa o sucede si se da el supuesto de hecho?

(6) Nº de contestaciones total a todas las preguntas/ Fecha programada próxima contestación a todas las preguntas	Nº .... Fecha ..../..../....

(7) ESQUEMA	(9) RESUMEN

(8) Nº de repasos esquema/Fecha programada próximo repaso esquema	Nº .... Fecha ..../..../....	(10) Nº de repasos resumen/Fecha programada próximo repaso resumen	Nº .... Fecha ..../..../....

(11) TUS REGLAS NEMOTÉCNICAS	

(12) AMPLIACIÓN DEL CONTENIDO: PRECEPTOS DE ESTA NORMA/PRECEPTOS DE OTRAS NORMAS/DOCTRINA: SENTENCIAS O RESOLUCIONES DE ÓRGANOS CONSULTIVOS/NOTAS	
(13) Nº de repasos/ Fecha programada próximo repaso ampliación contenido	Nº .... Fecha ..../...../...
(14) MODIFICACIONES AL PRECEPTO/DECLARACIÓN DE NULIDAD	
(15) Incorporación a texto y programación arriba	SI/NO

Artículo 133

Tema (1)	
Epígrafe (2)	
Artículos relacionados (3)	

1. La potestad originaria para establecer los tributos corresponde exclusivamente al Estado, mediante ley.

2. Las Comunidades Autónomas y las Corporaciones locales podrán establecer y exigir tributos, de acuerdo con la Constitución y las leyes.

3. Todo beneficio fiscal que afecte a los tributos del Estado deberá establecerse en virtud de ley.

4. Las administraciones públicas sólo podrán contraer obligaciones financieras y realizar gastos de acuerdo con las leyes.

(4) Nº de lecturas/ Fecha programada próxima lectura	**Nº ………..** **Fecha …./…./….**

(5) PREGUNTAS TRAS LAS LECTURAS	
(5.1.) ¿Cuál es el supuesto de hecho para que se dé la consecuencia jurídica?	**(5.2.) ¿Qué consecuencia pasa o sucede si se da el supuesto de hecho?**

(6) Nº de contestaciones total a todas las preguntas/ Fecha programada próxima contestación a todas las preguntas	**Nº ………..** **Fecha …./…./….**

(7) ESQUEMA	**(9) RESUMEN**

(8) Nº de repasos esquema/Fecha programada próximo repaso esquema	Nº .... Fecha ..../..../....	(10) Nº de repasos resumen/Fecha programada próximo repaso resumen	Nº .... Fecha ..../..../....
(11) TUS REGLAS NEMOTÉCNICAS			
(12) AMPLIACIÓN DEL CONTENIDO: PRECEPTOS DE ESTA NORMA/PRECEPTOS DE OTRAS NORMAS/DOCTRINA: SENTENCIAS O RESOLUCIONES DE ÓRGANOS CONSULTIVOS/NOTAS			
(13) Nº de repasos/ Fecha programada próximo repaso ampliación contenido			Nº .... Fecha ..../...../...
(14) MODIFICACIONES AL PRECEPTO/DECLARACIÓN DE NULIDAD			
(15) Incorporación a texto y programación arriba			SI/NO

Artículo 134

Tema (1)	
Epígrafe (2)	
Artículos relacionados (3)	

1. Corresponde al Gobierno la elaboración de los Presupuestos Generales del Estado y a las Cortes Generales, su examen, enmienda y aprobación.

2. Los Presupuestos Generales del Estado tendrán carácter anual, incluirán la totalidad de los gastos e ingresos del sector público estatal y en ellos se consignará el importe de los beneficios fiscales que afecten a los tributos del Estado.

3. El Gobierno deberá presentar ante el Congreso de los Diputados los Presupuestos Generales del Estado al menos tres meses antes de la expiración de los del año anterior.

4. Si la Ley de Presupuestos no se aprobara antes del primer día del ejercicio económico correspondiente, se considerarán automáticamente prorrogados los Presupuestos del ejercicio anterior hasta la aprobación de los nuevos.

5. Aprobados los Presupuestos Generales del Estado, el Gobierno podrá presentar proyectos de ley que impliquen aumento del gasto público o disminución de los ingresos correspondientes al mismo ejercicio presupuestario.

6. Toda proposición o enmienda que suponga aumento de los créditos o disminución de los ingresos presupuestarios requerirá la conformidad del Gobierno para su tramitación.

7. La Ley de Presupuestos no puede crear tributos. Podrá modificarlos cuando una ley tributaria sustantiva así lo prevea.

<table>
<tr><td colspan="2">(4) Nº de lecturas/ Fecha programada próxima lectura</td><td>Nº ....
Fecha ..../..../....</td></tr>
<tr><td colspan="3">(5) PREGUNTAS TRAS LAS LECTURAS</td></tr>
<tr><td colspan="3"></td></tr>
<tr><td>(5.1.) ¿Cuál es el supuesto de hecho para que se dé la consecuencia jurídica?</td><td colspan="2">(5.2.) ¿Qué consecuencia pasa o sucede si se da el supuesto de hecho?</td></tr>
<tr><td></td><td colspan="2"></td></tr>
<tr><td colspan="2">(6) Nº de contestaciones total a todas las preguntas/
Fecha programada próxima contestación a todas las preguntas</td><td>Nº ....
Fecha ..../..../....</td></tr>
<tr><td>(7) ESQUEMA</td><td colspan="2">(9) RESUMEN</td></tr>
<tr><td></td><td colspan="2"></td></tr>
</table>

(8) Nº de repasos esquema/Fecha programada próximo repaso esquema	Nº .... Fecha ..../..../....	(10) Nº de repasos resumen/Fecha programada próximo repaso resumen	Nº .... Fecha ..../..../....
(11) TUS REGLAS NEMOTÉCNICAS			

(12) AMPLIACIÓN DEL CONTENIDO: PRECEPTOS DE ESTA NORMA/PRECEPTOS DE OTRAS NORMAS/DOCTRINA: SENTENCIAS O RESOLUCIONES DE ÓRGANOS CONSULTIVOS/NOTAS

(13) Nº de repasos/ Fecha programada próximo repaso ampliación contenido	Nº .... Fecha ..../...../...
(14) MODIFICACIONES AL PRECEPTO/DECLARACIÓN DE NULIDAD	
(15) Incorporación a texto y programación arriba	SI/NO

☛ Artículo 135

Tema (1)	
Epígrafe (2)	
Artículos relacionados (3)	

1. Todas las Administraciones Públicas adecuarán sus actuaciones al principio de estabilidad presupuestaria.

2. El Estado y las Comunidades Autónomas no podrán incurrir en un déficit estructural que supere los márgenes establecidos, en su caso, por la Unión Europea para sus Estados Miembros.

Una ley orgánica fijará el déficit estructural máximo permitido al Estado y a las Comunidades Autónomas, en relación con su producto interior bruto. Las Entidades Locales deberán presentar equilibrio presupuestario.

3. El Estado y las Comunidades Autónomas habrán de estar autorizados por ley para emitir deuda pública o contraer crédito.

Los créditos para satisfacer los intereses y el capital de la deuda pública de las Administraciones se entenderán siempre incluidos en el estado de gastos de sus presupuestos y su pago gozará de prioridad absoluta. Estos créditos no podrán ser objeto de enmienda o modificación, mientras se ajusten a las condiciones de la ley de emisión.

El volumen de deuda pública del conjunto de las Administraciones Públicas en relación con el producto interior bruto del Estado no podrá superar el valor de referencia establecido en el Tratado de Funcionamiento de la Unión Europea.

4. Los límites de déficit estructural y de volumen de deuda pública sólo podrán superarse en caso de catástrofes naturales, recesión económica o situaciones de emergencia extraordinaria que escapen al control del Estado y perjudiquen considerablemente la situación financiera o la sostenibilidad económica o social del Estado, apreciadas por la mayoría absoluta de los miembros del Congreso de los Diputados.

5. Una ley orgánica desarrollará los principios a que se refiere este artículo, así como la participación, en los procedimientos respectivos, de los órganos de coordinación institucional entre las Administraciones Públicas en materia de política fiscal y financiera. En todo caso, regulará:

a) La distribución de los límites de déficit y de deuda entre las distintas Administraciones Públicas, los supuestos excepcionales de superación de los mismos y la forma y plazo de corrección de las desviaciones que sobre uno y otro pudieran producirse.

b) La metodología y el procedimiento para el cálculo del déficit estructural.

c) La responsabilidad de cada Administración Pública en caso de incumplimiento de los objetivos de estabilidad presupuestaria.

6. Las Comunidades Autónomas, de acuerdo con sus respectivos Estatutos y dentro de los límites a que se refiere este artículo, adoptarán las disposiciones que procedan para la aplicación efectiva del principio de estabilidad en sus normas y decisiones presupuestarias.

<table>
<tr><td>(4) Nº de lecturas/ Fecha programada próxima lectura</td><td>Nº ....
Fecha ..../..../....</td></tr>
<tr><td colspan="2">(5) PREGUNTAS TRAS LAS LECTURAS</td></tr>
<tr><td colspan="2"></td></tr>
<tr><td>(5.1.) ¿Cuál es el supuesto de hecho para que se dé la consecuencia jurídica?</td><td>(5.2.) ¿Qué consecuencia pasa o sucede si se da el supuesto de hecho?</td></tr>
<tr><td></td><td></td></tr>
</table>

(6) Nº de contestaciones total a todas las preguntas/ Fecha programada próxima contestación a todas las preguntas	Nº ………. Fecha …./…./….

(7) ESQUEMA	(9) RESUMEN

(8) Nº de repasos esquema/Fecha programada próximo repaso esquema	Nº ………. Fecha …./…./….	(10) Nº de repasos resumen/Fecha programada próximo repaso resumen	Nº ………. Fecha …./…./….
(11) TUS REGLAS NEMOTÉCNICAS			

(12) AMPLIACIÓN DEL CONTENIDO:

PRECEPTOS DE ESTA NORMA/PRECEPTOS DE OTRAS NORMAS/DOCTRINA: SENTENCIAS O RESOLUCIONES DE ÓRGANOS CONSULTIVOS/NOTAS

(13) Nº de repasos/ Fecha programada próximo repaso ampliación contenido	Nº .... Fecha ..../...../...
(14) MODIFICACIONES AL PRECEPTO/DECLARACIÓN DE NULIDAD	
(15) Incorporación a texto y programación arriba	SI/NO

☛ Artículo 136

Tema (1)	
Epígrafe (2)	
Artículos relacionados (3)	

1. El Tribunal de Cuentas es el supremo órgano fiscalizador de las cuentas y de la gestión económica de Estado, así como del sector público.

Dependerá directamente de las Cortes Generales y ejercerá sus funciones por delegación de ellas en el examen y comprobación de la Cuenta General del Estado.

2. Las cuentas del Estado y del sector público estatal se rendirán al Tribunal de Cuentas y serán censuradas por éste.

El Tribunal de Cuentas, sin perjuicio de su propia jurisdicción, remitirá a las Cortes Generales un informe anual en el que, cuando proceda, comunicará las infracciones o responsabilidades en que, a su juicio, se hubiere incurrido.

3. Los miembros del Tribunal de Cuentas gozarán de la misma independencia e inamovilidad y estarán sometidos a las mismas incompatibilidades que los Jueces.

4. Una ley orgánica regulará la composición, organización y funciones del Tribunal de Cuentas.

(4) Nº de lecturas/ Fecha programada próxima lectura	Nº .... Fecha ..../..../....
(5) PREGUNTAS TRAS LAS LECTURAS	

(5.1.) ¿Cuál es el supuesto de hecho para que se dé la consecuencia jurídica?	(5.2.) ¿Qué consecuencia pasa o sucede si se da el supuesto de hecho?

(6) Nº de contestaciones total a todas las preguntas/ Fecha programada próxima contestación a todas las preguntas	Nº .... Fecha ..../..../....

(7) ESQUEMA	(9) RESUMEN

(8) Nº de repasos esquema/Fecha programada próximo repaso esquema	Nº .... Fecha ..../..../....	(10) Nº de repasos resumen/Fecha programada próximo repaso resumen	Nº .... Fecha ..../..../....

(11) TUS REGLAS NEMOTÉCNICAS	

(12) AMPLIACIÓN DEL CONTENIDO: PRECEPTOS DE ESTA NORMA/PRECEPTOS DE OTRAS NORMAS/DOCTRINA: SENTENCIAS O RESOLUCIONES DE ÓRGANOS CONSULTIVOS/NOTAS	
(13) Nº de repasos/ Fecha programada próximo repaso ampliación contenido	Nº .... Fecha ..../...../...
(14) MODIFICACIONES AL PRECEPTO/DECLARACIÓN DE NULIDAD	
(15) Incorporación a texto y programación arriba	SI/NO

TÍTULO VIII

De la Organización Territorial del Estado

CAPÍTULO PRIMERO

Principios generales

☛ Artículo 137

Tema (1)	
Epígrafe (2)	
Artículos relacionados (3)	

El Estado se organiza territorialmente en municipios, en provincias y en las Comunidades Autónomas que se constituyan. Todas estas entidades gozan de autonomía para la gestión de sus respectivos intereses.

(4) Nº de lecturas/ Fecha programada próxima lectura	Nº .... Fecha ..../..../....

(5) PREGUNTAS TRAS LAS LECTURAS	
(5.1.) ¿Cuál es el supuesto de hecho para que se dé la consecuencia jurídica?	(5.2.) ¿Qué consecuencia pasa o sucede si se da el supuesto de hecho?

(6) Nº de contestaciones total a todas las preguntas/ Fecha programada próxima contestación a todas las preguntas	Nº .... Fecha ..../..../....

(7) ESQUEMA		(9) RESUMEN	
(8) Nº de repasos esquema/Fecha programada próximo repaso esquema	Nº .... Fecha ..../..../....	(10) Nº de repasos resumen/Fecha programada próximo repaso resumen	Nº .... Fecha ..../..../....

(11) TUS REGLAS NEMOTÉCNICAS	

(12) AMPLIACIÓN DEL CONTENIDO: PRECEPTOS DE ESTA NORMA/PRECEPTOS DE OTRAS NORMAS/DOCTRINA: SENTENCIAS O RESOLUCIONES DE ÓRGANOS CONSULTIVOS/NOTAS

(13) Nº de repasos/ Fecha programada próximo repaso ampliación contenido	Nº .... Fecha ..../...../...

(14) MODIFICACIONES AL PRECEPTO/DECLARACIÓN DE NULIDAD

(15) Incorporación a texto y programación arriba	SI/NO

☛ Artículo 138

Tema (1)	
Epígrafe (2)	
Artículos relacionados (3)	

1. El Estado garantiza la realización efectiva del principio de solidaridad consagrado en el artículo 2 de la Constitución, velando por el establecimiento de un equilibrio económico, adecuado y justo entre las diversas partes del territorio español, y atendiendo en particular a las circunstancias del hecho insular.

2. Las diferencias entre los Estatutos de las distintas Comunidades Autónomas no podrán implicar, en ningún caso, privilegios económicos o sociales.

(4) Nº de lecturas/ Fecha programada próxima lectura	Nº .... Fecha ..../..../....

<table>
<tr><th colspan="3">(5) PREGUNTAS TRAS LAS LECTURAS</th></tr>
<tr><td colspan="3"></td></tr>
<tr><th>(5.1.) ¿Cuál es el supuesto de hecho para que se dé la consecuencia jurídica?</th><th colspan="2">(5.2.) ¿Qué consecuencia pasa o sucede si se da el supuesto de hecho?</th></tr>
<tr><td></td><td colspan="2"></td></tr>
<tr><th colspan="2">(6) Nº de contestaciones total a todas las preguntas/
Fecha programada próxima contestación a todas las preguntas</th><td>Nº ....
Fecha ..../..../....</td></tr>
</table>

<table>
<tr><th colspan="2">(7) ESQUEMA</th><th colspan="2">(9) RESUMEN</th></tr>
<tr><td colspan="2"></td><td colspan="2"></td></tr>
<tr><th>(8) Nº de repasos esquema/Fecha programada próximo repaso esquema</th><td>Nº ....
Fecha ..../..../....</td><th>(10) Nº de repasos resumen/Fecha programada próximo repaso resumen</th><td>Nº ....
Fecha ..../..../....</td></tr>
</table>

(11) TUS REGLAS NEMOTÉCNICAS	
(12) AMPLIACIÓN DEL CONTENIDO: PRECEPTOS DE ESTA NORMA/PRECEPTOS DE OTRAS NORMAS/DOCTRINA: SENTENCIAS O RESOLUCIONES DE ÓRGANOS CONSULTIVOS/NOTAS	
(13) Nº de repasos/ Fecha programada próximo repaso ampliación contenido	Nº .... Fecha ..../...../...
(14) MODIFICACIONES AL PRECEPTO/DECLARACIÓN DE NULIDAD	
(15) Incorporación a texto y programación arriba	SI/NO

☛ Artículo 139

Tema (1)	
Epígrafe (2)	
Artículos relacionados (3)	

1. Todos los españoles tienen los mismos derechos y obligaciones en cualquier parte del territorio del Estado.

2. Ninguna autoridad podrá adoptar medidas que directa o indirectamente obstaculicen la libertad de circulación y establecimiento de las personas y la libre circulación de bienes en todo el territorio español.

(4) Nº de lecturas/ Fecha programada próxima lectura	Nº ……….. Fecha …./…./….

(5) PREGUNTAS TRAS LAS LECTURAS

(5.1.) ¿Cuál es el supuesto de hecho para que se dé la consecuencia jurídica?	(5.2.) ¿Qué consecuencia pasa o sucede si se da el supuesto de hecho?

(6) Nº de contestaciones total a todas las preguntas/ Fecha programada próxima contestación a todas las preguntas	Nº ……….. Fecha …./…./….

(7) ESQUEMA	(9) RESUMEN

(8) Nº de repasos esquema/Fecha programada próximo repaso esquema	Nº ……….. Fecha …./…./….	(10) Nº de repasos resumen/Fecha programada próximo repaso resumen	Nº ……….. Fecha …./…./….

(11) TUS REGLAS NEMOTÉCNICAS	

(12) AMPLIACIÓN DEL CONTENIDO: PRECEPTOS DE ESTA NORMA/PRECEPTOS DE OTRAS NORMAS/DOCTRINA: SENTENCIAS O RESOLUCIONES DE ÓRGANOS CONSULTIVOS/NOTAS

(13) Nº de repasos/ Fecha programada próximo repaso ampliación contenido	Nº .... Fecha ..../...../...

(14) MODIFICACIONES AL PRECEPTO/DECLARACIÓN DE NULIDAD

(15) Incorporación a texto y programación arriba	SI/NO

CAPÍTULO SEGUNDO

De la Administración Local

☛ Artículo 140

Tema (1)	
Epígrafe (2)	
Artículos relacionados (3)	

La Constitución garantiza la autonomía de los municipios. Estos gozarán de personalidad jurídica plena. Su gobierno y administración corresponde a sus respectivos Ayuntamientos, integrados por los Alcaldes y los Concejales. Los Concejales serán elegidos por los vecinos del municipio mediante sufragio universal, igual, libre, directo y secreto, en la forma establecida por la ley. Los Alcaldes serán elegidos por los Concejales o por los vecinos. La ley regulará las condiciones en las que proceda el régimen del concejo abierto.

<table>
<tr><td colspan="3">(4) Nº de lecturas/ Fecha programada próxima lectura</td><td>Nº ....
Fecha ..../..../....</td></tr>
<tr><td colspan="4">(5) PREGUNTAS TRAS LAS LECTURAS</td></tr>
<tr><td colspan="4"></td></tr>
<tr><td colspan="2">(5.1.) ¿Cuál es el supuesto de hecho para que se dé la consecuencia jurídica?</td><td colspan="2">(5.2.) ¿Qué consecuencia pasa o sucede si se da el supuesto de hecho?</td></tr>
<tr><td colspan="2"></td><td colspan="2"></td></tr>
<tr><td colspan="3">(6) Nº de contestaciones total a todas las preguntas/
Fecha programada próxima contestación a todas las preguntas</td><td>Nº ....
Fecha ..../..../....</td></tr>
<tr><td colspan="2">(7) ESQUEMA</td><td colspan="2">(9) RESUMEN</td></tr>
<tr><td colspan="2"></td><td colspan="2"></td></tr>
<tr><td>(8) Nº de repasos esquema/Fecha programada próximo repaso esquema</td><td>Nº ....
Fecha ..../..../....</td><td>(10) Nº de repasos resumen/Fecha programada próximo repaso resumen</td><td>Nº ....
Fecha ..../..../....</td></tr>
</table>

(11) TUS REGLAS NEMOTÉCNICAS	

(12) AMPLIACIÓN DEL CONTENIDO: PRECEPTOS DE ESTA NORMA/PRECEPTOS DE OTRAS NORMAS/DOCTRINA: SENTENCIAS O RESOLUCIONES DE ÓRGANOS CONSULTIVOS/NOTAS

(13) Nº de repasos/ Fecha programada próximo repaso ampliación contenido	Nº .... Fecha ..../...../...

(14) MODIFICACIONES AL PRECEPTO/DECLARACIÓN DE NULIDAD

(15) Incorporación a texto y programación arriba	SI/NO

☛ Artículo 141

Tema (1)	
Epígrafe (2)	
Artículos relacionados (3)	

1. La provincia es una entidad local con personalidad jurídica propia, determinada por la agrupación de municipios y división territorial para el cumplimiento de las actividades del Estado. Cualquier alteración de los límites provinciales habrá de ser aprobada por las Cortes Generales mediante ley orgánica.

2. El Gobierno y la administración autónoma de las provincias estarán encomendados a Diputaciones u otras Corporaciones de carácter representativo.

3. Se podrán crear agrupaciones de municipios diferentes de la provincia.

4. En los archipiélagos, las islas tendrán además su administración propia en forma de Cabildos o Consejos.

<table>
<tr><td colspan="2">(4) Nº de lecturas/ Fecha programada próxima lectura</td><td>Nº ....
Fecha ..../..../....</td></tr>
<tr><td colspan="3">(5) PREGUNTAS TRAS LAS LECTURAS</td></tr>
<tr><td colspan="3"></td></tr>
<tr><td>(5.1.) ¿Cuál es el supuesto de hecho para que se dé la consecuencia jurídica?</td><td colspan="2">(5.2.) ¿Qué consecuencia pasa o sucede si se da el supuesto de hecho?</td></tr>
<tr><td></td><td colspan="2"></td></tr>
<tr><td colspan="2">(6) Nº de contestaciones total a todas las preguntas/
Fecha programada próxima contestación a todas las preguntas</td><td>Nº ....
Fecha ..../..../....</td></tr>
<tr><td>(7) ESQUEMA</td><td colspan="2">(9) RESUMEN</td></tr>
<tr><td></td><td colspan="2"></td></tr>
</table>

(8) Nº de repasos esquema/Fecha programada próximo repaso esquema	Nº .... Fecha ..../..../....	(10) Nº de repasos resumen/Fecha programada próximo repaso resumen	Nº .... Fecha ..../..../....
(11) TUS REGLAS NEMOTÉCNICAS			

(12) AMPLIACIÓN DEL CONTENIDO: PRECEPTOS DE ESTA NORMA/PRECEPTOS DE OTRAS NORMAS/DOCTRINA: SENTENCIAS O RESOLUCIONES DE ÓRGANOS CONSULTIVOS/NOTAS

(13) Nº de repasos/ Fecha programada próximo repaso ampliación contenido	Nº .... Fecha ..../...../...
(14) MODIFICACIONES AL PRECEPTO/DECLARACIÓN DE NULIDAD	
(15) Incorporación a texto y programación arriba	SI/NO

☛ Artículo 142

Tema (1)	
Epígrafe (2)	
Artículos relacionados (3)	

Las Haciendas locales deberán disponer de los medios suficientes para el desempeño de las funciones que la ley atribuye a las Corporaciones respectivas y se nutrirán fundamentalmente de tributos propios y de participación en los del Estado y de las Comunidades Autónomas.

(4) Nº de lecturas/ Fecha programada próxima lectura	Nº .... Fecha ..../..../....

(5) PREGUNTAS TRAS LAS LECTURAS

(5.1.) ¿Cuál es el supuesto de hecho para que se dé la consecuencia jurídica?	(5.2.) ¿Qué consecuencia pasa o sucede si se da el supuesto de hecho?

(6) Nº de contestaciones total a todas las preguntas/ Fecha programada próxima contestación a todas las preguntas	Nº .... Fecha ..../..../....

(7) ESQUEMA	(9) RESUMEN

(8) Nº de repasos esquema/Fecha programada próximo repaso esquema	Nº .... Fecha ..../..../....	(10) Nº de repasos resumen/Fecha programada próximo repaso resumen	Nº .... Fecha ..../..../....

(11) TUS REGLAS NEMOTÉCNICAS	

(12) AMPLIACIÓN DEL CONTENIDO: PRECEPTOS DE ESTA NORMA/PRECEPTOS DE OTRAS NORMAS/DOCTRINA: SENTENCIAS O RESOLUCIONES DE ÓRGANOS CONSULTIVOS/NOTAS	
(13) Nº de repasos/ Fecha programada próximo repaso ampliación contenido	Nº .... Fecha ..../...../...
(14) MODIFICACIONES AL PRECEPTO/DECLARACIÓN DE NULIDAD	
(15) Incorporación a texto y programación arriba	SI/NO

CAPÍTULO TERCERO

De las Comunidades Autónomas

☛ Artículo 143

Tema (1)	
Epígrafe (2)	
Artículos relacionados (3)	

1. En el ejercicio del derecho a la autonomía reconocido en el artículo 2 de la Constitución, las provincias limítrofes con características históricas, culturales y económicas comunes, los territorios insulares y las provincias con entidad regional histórica podrán acceder a su autogobierno y constituirse en Comunidades Autónomas con arreglo a lo previsto en este Título y en los respectivos Estatutos.

2. La iniciativa del proceso autonómico corresponde a todas las Diputaciones interesadas o al órgano interinsular correspondiente y a las dos terceras partes de los municipios cuya población represente, al menos, la mayoría del censo electoral de cada provincia o isla. Estos requisitos deberán ser cumplidos en el plazo de seis meses desde el primer acuerdo adoptado al respecto por alguna de las Corporaciones locales interesadas.

3. La iniciativa, en caso de no prosperar, solamente podrá reiterarse pasados cinco años.

<table>
<tr><td colspan="2">(4) Nº de lecturas/ Fecha programada próxima lectura</td><td>Nº ....
Fecha ..../..../....</td></tr>
<tr><td colspan="3">(5) PREGUNTAS TRAS LAS LECTURAS</td></tr>
<tr><td colspan="3"></td></tr>
<tr><td>(5.1.) ¿Cuál es el supuesto de hecho para que se dé la consecuencia jurídica?</td><td colspan="2">(5.2.) ¿Qué consecuencia pasa o sucede si se da el supuesto de hecho?</td></tr>
<tr><td></td><td colspan="2"></td></tr>
<tr><td colspan="2">(6) Nº de contestaciones total a todas las preguntas/
Fecha programada próxima contestación a todas las preguntas</td><td>Nº ....
Fecha ..../..../....</td></tr>
<tr><td>(7) ESQUEMA</td><td colspan="2">(9) RESUMEN</td></tr>
<tr><td></td><td colspan="2"></td></tr>
</table>

(8) Nº de repasos esquema/Fecha programada próximo repaso esquema	Nº .... Fecha ..../..../....	(10) Nº de repasos resumen/Fecha programada próximo repaso resumen	Nº .... Fecha ..../..../....
(11) TUS REGLAS NEMOTÉCNICAS			
(12) AMPLIACIÓN DEL CONTENIDO: PRECEPTOS DE ESTA NORMA/PRECEPTOS DE OTRAS NORMAS/DOCTRINA: SENTENCIAS O RESOLUCIONES DE ÓRGANOS CONSULTIVOS/NOTAS			
(13) Nº de repasos/ Fecha programada próximo repaso ampliación contenido			Nº .... Fecha ..../...../...
(14) MODIFICACIONES AL PRECEPTO/DECLARACIÓN DE NULIDAD			
(15) Incorporación a texto y programación arriba			SI/NO

☛ Artículo 144

Tema (1)	
Epígrafe (2)	
Artículos relacionados (3)	

Las Cortes Generales, mediante ley orgánica, podrán, por motivos de interés nacional:

a) Autorizar la constitución de una comunidad autónoma cuando su ámbito territorial no supere el de una provincia y no reúna las condiciones del apartado 1 del artículo 143.

b) Autorizar o acordar, en su caso, un Estatuto de autonomía para territorios que no estén integrados en la organización provincial.

c) Sustituir la iniciativa de las Corporaciones locales a que se refiere el apartado 2 del artículo 143.

<table>
<tr><td colspan="2">(4) Nº de lecturas/ Fecha programada próxima lectura</td><td>Nº ....
Fecha ..../..../....</td></tr>
<tr><td colspan="3">(5) PREGUNTAS TRAS LAS LECTURAS</td></tr>
<tr><td colspan="3"></td></tr>
<tr><td>(5.1.) ¿Cuál es el supuesto de hecho para que se dé la consecuencia jurídica?</td><td colspan="2">(5.2.) ¿Qué consecuencia pasa o sucede si se da el supuesto de hecho?</td></tr>
<tr><td></td><td colspan="2"></td></tr>
<tr><td colspan="2">(6) Nº de contestaciones total a todas las preguntas/
Fecha programada próxima contestación a todas las preguntas</td><td>Nº ....
Fecha ..../..../....</td></tr>
<tr><td>(7) ESQUEMA</td><td colspan="2">(9) RESUMEN</td></tr>
<tr><td></td><td colspan="2"></td></tr>
</table>

(8) Nº de repasos esquema/Fecha programada próximo repaso esquema	Nº .... Fecha ..../..../....	(10) Nº de repasos resumen/Fecha programada próximo repaso resumen	Nº .... Fecha ..../..../....
(11) TUS REGLAS NEMOTÉCNICAS			

(12) AMPLIACIÓN DEL CONTENIDO: PRECEPTOS DE ESTA NORMA/PRECEPTOS DE OTRAS NORMAS/DOCTRINA: SENTENCIAS O RESOLUCIONES DE ÓRGANOS CONSULTIVOS/NOTAS	
(13) Nº de repasos/ Fecha programada próximo repaso ampliación contenido	Nº .... Fecha ..../...../...
(14) MODIFICACIONES AL PRECEPTO/DECLARACIÓN DE NULIDAD	
(15) Incorporación a texto y programación arriba	SI/NO

☛ Artículo 145

Tema (1)	
Epígrafe (2)	
Artículos relacionados (3)	

1. En ningún caso se admitirá la federación de Comunidades Autónomas.

2. Los Estatutos podrán prever los supuestos, requisitos y términos en que las Comunidades Autónomas podrán celebrar convenios entre sí para la gestión y prestación de servicios propios de las mismas, así como el carácter y efectos de la correspondiente comunicación a las Cortes Generales. En los demás supuestos, los acuerdos de cooperación entre las Comunidades Autónomas necesitarán la autorización de las Cortes Generales.

(4) Nº de lecturas/ Fecha programada próxima lectura	Nº .... Fecha ..../..../....

(5) PREGUNTAS TRAS LAS LECTURAS

(5.1.) ¿Cuál es el supuesto de hecho para que se dé la consecuencia jurídica?	(5.2.) ¿Qué consecuencia pasa o sucede si se da el supuesto de hecho?

(6) Nº de contestaciones total a todas las preguntas/ Fecha programada próxima contestación a todas las preguntas	Nº .... Fecha ..../..../....

(7) ESQUEMA	(9) RESUMEN

(8) Nº de repasos esquema/Fecha programada próximo repaso esquema	Nº .... Fecha ..../..../....	(10) Nº de repasos resumen/Fecha programada próximo repaso resumen	Nº .... Fecha ..../..../....

(11) TUS REGLAS NEMOTÉCNICAS	

(12) AMPLIACIÓN DEL CONTENIDO: PRECEPTOS DE ESTA NORMA/PRECEPTOS DE OTRAS NORMAS/DOCTRINA: SENTENCIAS O RESOLUCIONES DE ÓRGANOS CONSULTIVOS/NOTAS	
(13) Nº de repasos/ Fecha programada próximo repaso ampliación contenido	Nº ……….. Fecha …./…../…
(14) MODIFICACIONES AL PRECEPTO/DECLARACIÓN DE NULIDAD	
(15) Incorporación a texto y programación arriba	SI/NO

☛ Artículo 146

Tema (1)	
Epígrafe (2)	
Artículos relacionados (3)	

El proyecto de Estatuto será elaborado por una asamblea compuesta por los miembros de la Diputación u órgano interinsular de las provincias afectadas y por los Diputados y Senadores elegidos en ellas y será elevado a las Cortes Generales para su tramitación como ley.

(4) Nº de lecturas/ Fecha programada próxima lectura	Nº ……….. Fecha …./…./….
(5) PREGUNTAS TRAS LAS LECTURAS	

<table>
<tr><td colspan="2">(5.1.) ¿Cuál es el supuesto de hecho para que se dé la consecuencia jurídica?</td><td colspan="2">(5.2.) ¿Qué consecuencia pasa o sucede si se da el supuesto de hecho?</td></tr>
<tr><td colspan="2"></td><td colspan="2"></td></tr>
<tr><td colspan="3">(6) Nº de contestaciones total a todas las preguntas/
Fecha programada próxima contestación a todas las preguntas</td><td>Nº ....
Fecha ..../..../....</td></tr>
<tr><td colspan="2">(7) ESQUEMA</td><td colspan="2">(9) RESUMEN</td></tr>
<tr><td colspan="2"></td><td colspan="2"></td></tr>
<tr><td>(8) Nº de repasos esquema/Fecha programada próximo repaso esquema</td><td>Nº ....
Fecha ..../..../....</td><td>(10) Nº de repasos resumen/Fecha programada próximo repaso resumen</td><td>Nº ....
Fecha ..../..../....</td></tr>
<tr><td>(11) TUS REGLAS NEMOTÉCNICAS</td><td colspan="3"></td></tr>
</table>

(12) AMPLIACIÓN DEL CONTENIDO: PRECEPTOS DE ESTA NORMA/PRECEPTOS DE OTRAS NORMAS/DOCTRINA: SENTENCIAS O RESOLUCIONES DE ÓRGANOS CONSULTIVOS/NOTAS	
(13) Nº de repasos/ Fecha programada próximo repaso ampliación contenido	Nº .... Fecha ..../...../...
(14) MODIFICACIONES AL PRECEPTO/DECLARACIÓN DE NULIDAD	
(15) Incorporación a texto y programación arriba	SI/NO

Artículo 147

Tema (1)	
Epígrafe (2)	
Artículos relacionados (3)	

1. Dentro de los términos de la presente Constitución, los Estatutos serán la norma institucional básica de cada Comunidad Autónoma y el Estado los reconocerá y amparará como parte integrante de su ordenamiento jurídico.

2. Los Estatutos de autonomía deberán contener:

a) La denominación de la Comunidad que mejor corresponda a su identidad histórica.

b) La delimitación de su territorio.

c) La denominación, organización y sede de las instituciones autónomas propias.

d) Las competencias asumidas dentro del marco establecido en la Constitución y las bases para el traspaso de los servicios correspondientes a las mismas.

3. La reforma de los Estatutos se ajustará al procedimiento establecido en los mismos y requerirá, en todo caso, la aprobación por las Cortes Generales, mediante ley orgánica.

(4) Nº de lecturas/ Fecha programada próxima lectura	Nº .... Fecha ..../..../....

(5) PREGUNTAS TRAS LAS LECTURAS	
(5.1.) ¿Cuál es el supuesto de hecho para que se dé la consecuencia jurídica?	(5.2.) ¿Qué consecuencia pasa o sucede si se da el supuesto de hecho?

(6) Nº de contestaciones total a todas las preguntas/ Fecha programada próxima contestación a todas las preguntas	Nº .... Fecha ..../..../....

(7) ESQUEMA		(9) RESUMEN	
(8) Nº de repasos esquema/Fecha programada próximo repaso esquema	Nº .... Fecha ..../..../....	(10) Nº de repasos resumen/Fecha programada próximo repaso resumen	Nº .... Fecha ..../..../....

(11) TUS REGLAS NEMOTÉCNICAS	

(12) AMPLIACIÓN DEL CONTENIDO: PRECEPTOS DE ESTA NORMA/PRECEPTOS DE OTRAS NORMAS/DOCTRINA: SENTENCIAS O RESOLUCIONES DE ÓRGANOS CONSULTIVOS/NOTAS

(13) Nº de repasos/ Fecha programada próximo repaso ampliación contenido	Nº .... Fecha ..../...../...

(14) MODIFICACIONES AL PRECEPTO/DECLARACIÓN DE NULIDAD

(15) Incorporación a texto y programación arriba	SI/NO

Artículo 148

Tema (1)	
Epígrafe (2)	
Artículos relacionados (3)	

1. Las Comunidades Autónomas podrán asumir competencias en las siguientes materias:

1.ª Organización de sus instituciones de autogobierno.

2.ª Las alteraciones de los términos municipales comprendidos en su territorio y, en general, las funciones que correspondan a la Administración del Estado sobre las Corporaciones locales y cuya transferencia autorice la legislación sobre Régimen Local.

3.ª Ordenación del territorio, urbanismo y vivienda.

4.ª Las obras públicas de interés de la Comunidad Autónoma en su propio territorio.

5.ª Los ferrocarriles y carreteras cuyo itinerario se desarrolle íntegramente en el territorio de la Comunidad Autónoma y, en los mismos términos, el transporte desarrollado por estos medios o por cable.

6.ª Los puertos de refugio, los puertos y aeropuertos deportivos y, en general, los que no desarrollen actividades comerciales.

7.ª La agricultura y ganadería, de acuerdo con la ordenación general de la economía.

8.ª Los montes y aprovechamientos forestales.

9.ª La gestión en materia de protección del medio ambiente.

10.ª Los proyectos, construcción y explotación de los aprovechamientos hidráulicos, canales y regadíos de interés de la Comunidad Autónoma; las aguas minerales y termales.

11.ª La pesca en aguas interiores, el marisqueo y la acuicultura, la caza y la pesca fluvial.

12.ª Ferias interiores.

13.ª El fomento del desarrollo económico de la Comunidad Autónoma dentro de los objetivos marcados por la política económica nacional.

14.ª La artesanía.

15.ª Museos, bibliotecas y conservatorios de música de interés para la Comunidad Autónoma.

16.ª Patrimonio monumental de interés de la Comunidad Autónoma.

17.ª El fomento de la cultura, de la investigación y, en su caso, de la enseñanza de la lengua de la Comunidad Autónoma.

18.ª Promoción y ordenación del turismo en su ámbito territorial.

19.ª Promoción del deporte y de la adecuada utilización del ocio.

20.ª Asistencia social.

21.ª Sanidad e higiene.

22.ª La vigilancia y protección de sus edificios e instalaciones. La coordinación y demás facultades en relación con las policías locales en los términos que establezca una ley orgánica.

2. Transcurridos cinco años, y mediante la reforma de sus Estatutos, las Comunidades Autónomas podrán ampliar sucesivamente sus competencias dentro del marco establecido en el artículo 149.

<table>
<tr><td>(4) Nº de lecturas/ Fecha programada próxima lectura</td><td>Nº ....
Fecha ..../..../....</td></tr>
<tr><td colspan="2">(5) PREGUNTAS TRAS LAS LECTURAS</td></tr>
<tr><td colspan="2"></td></tr>
<tr><td>(5.1.) ¿Cuál es el supuesto de hecho para que se dé la consecuencia jurídica?</td><td>(5.2.) ¿Qué consecuencia pasa o sucede si se da el supuesto de hecho?</td></tr>
<tr><td></td><td></td></tr>
</table>

(6) Nº de contestaciones total a todas las preguntas/ Fecha programada próxima contestación a todas las preguntas	Nº ……….. Fecha …./…./….

(7) ESQUEMA	(9) RESUMEN

(8) Nº de repasos esquema/Fecha programada próximo repaso esquema	Nº ……….. Fecha …./…./….	(10) Nº de repasos resumen/Fecha programada próximo repaso resumen	Nº ……….. Fecha …./…./….

(11) TUS REGLAS NEMOTÉCNICAS	

(12) AMPLIACIÓN DEL CONTENIDO: PRECEPTOS DE ESTA NORMA/PRECEPTOS DE OTRAS NORMAS/DOCTRINA: SENTENCIAS O RESOLUCIONES DE ÓRGANOS CONSULTIVOS/NOTAS

(13) Nº de repasos/ Fecha programada próximo repaso ampliación contenido	**Nº ....** **Fecha ..../...../...**
(14) MODIFICACIONES AL PRECEPTO/DECLARACIÓN DE NULIDAD	
(15) Incorporación a texto y programación arriba	**SI/NO**

☛ Artículo 149

Tema (1)	
Epígrafe (2)	
Artículos relacionados (3)	

1. El Estado tiene competencia exclusiva sobre las siguientes materias:

1.ª La regulación de las condiciones básicas que garanticen la igualdad de todos los españoles en el ejercicio de los derechos y en el cumplimiento de los deberes constitucionales.

2.ª Nacionalidad, inmigración, emigración, extranjería y derecho de asilo.

3.ª Relaciones internacionales.

4.ª Defensa y Fuerzas Armadas.

5.ª Administración de Justicia.

6.ª Legislación mercantil, penal y penitenciaria; legislación procesal, sin perjuicio de las necesarias especialidades que en este orden se deriven de las particularidades del derecho sustantivo de las Comunidades Autónomas.

7.ª Legislación laboral; sin perjuicio de su ejecución por los órganos de las Comunidades Autónomas.

8.ª Legislación civil, sin perjuicio de la conservación, modificación y desarrollo por las Comunidades Autónomas de los derechos civiles, forales o especiales, allí donde existan. En todo caso, las reglas relativas a la aplicación y eficacia de las normas jurídicas, relaciones jurídico-civiles relativas a las formas de matrimonio, ordenación de los registros e instrumentos públicos, bases de las obligaciones contractuales, normas para resolver los conflictos de leyes y determinación de las fuentes del Derecho, con respeto, en este último caso, a las normas de derecho foral o especial.

9.ª Legislación sobre propiedad intelectual e industrial.

10.ª Régimen aduanero y arancelario; comercio exterior.

11.ª Sistema monetario: divisas, cambio y convertibilidad; bases de la ordenación de crédito, banca y seguros.

12.ª Legislación sobre pesas y medidas, determinación de la hora oficial.

13.ª Bases y coordinación de la planificación general de la actividad económica.

14.ª Hacienda general y Deuda del Estado.

15.ª Fomento y coordinación general de la investigación científica y técnica.

16.ª Sanidad exterior. Bases y coordinación general de la sanidad. Legislación sobre productos farmacéuticos.

17.ª Legislación básica y régimen económico de la Seguridad Social, sin perjuicio de la ejecución de sus servicios por las Comunidades Autónomas.

18.ª Las bases del régimen jurídico de las Administraciones públicas y del régimen estatutario de sus funcionarios que, en todo caso, garantizarán a los administrados un tratamiento común ante ellas; el procedimiento administrativo común, sin perjuicio de las especialidades derivadas de la organización propia de las Comunidades Autónomas; legislación sobre expropiación forzosa; legislación básica sobre contratos y concesiones administrativas y el sistema de responsabilidad de todas las Administraciones públicas.

19.ª Pesca marítima, sin perjuicio de las competencias que en la ordenación del sector se atribuyan a las Comunidades Autónomas.

20.ª Marina mercante y abanderamiento de buques; iluminación de costas y señales marítimas; puertos de interés general; aeropuertos de interés general; control del espacio aéreo, tránsito y transporte aéreo, servicio meteorológico y matriculación de aeronaves.

21.ª Ferrocarriles y transportes terrestres que transcurran por el territorio de más de una Comunidad Autónoma; régimen general de comunicaciones; tráfico y circulación de vehículos a motor; correos y telecomunicaciones; cables aéreos, submarinos y radiocomunicación.

22.ª La legislación, ordenación y concesión de recursos y aprovechamientos hidráulicos cuando las aguas discurran por más de una Comunidad Autónoma, y la autorización de las instalaciones eléctricas cuando su aprovechamiento afecte a otra Comunidad o el transporte de energía salga de su ámbito territorial.

23.ª Legislación básica sobre protección del medio ambiente, sin perjuicio de las facultades de las Comunidades Autónomas de establecer normas adicionales de protección. La legislación básica sobre montes, aprovechamientos forestales y vías pecuarias.

24.ª Obras públicas de interés general o cuya realización afecte a más de una Comunidad Autónoma.

25.ª Bases de régimen minero y energético.

26.ª Régimen de producción, comercio, tenencia y uso de armas y explosivos.

27.ª Normas básicas del régimen de prensa, radio y televisión y, en general, de todos los medios de comunicación social, sin perjuicio de las facultades que en su desarrollo y ejecución correspondan a las Comunidades Autónomas.

28.ª Defensa del patrimonio cultural, artístico y monumental español contra la exportación y la expoliación; museos, bibliotecas y archivos de titularidad estatal, sin perjuicio de su gestión por parte de las Comunidades Autónomas.

29.ª Seguridad pública, sin perjuicio de la posibilidad de creación de policías por las Comunidades Autónomas en la forma que se establezca en los respectivos Estatutos en el marco de lo que disponga una ley orgánica.

30.ª Regulación de las condiciones de obtención, expedición y homologación de títulos académicos y profesionales y normas básicas para el desarrollo del artículo 27 de la Constitución, a fin de garantizar el cumplimiento de las obligaciones de los poderes públicos en esta materia.

31.ª Estadística para fines estatales.

32.ª Autorización para la convocatoria de consultas populares por vía de referéndum.

2. Sin perjuicio de las competencias que podrán asumir las Comunidades Autónomas, el Estado considerará el servicio de la cultura como deber y atribución esencial y facilitará la comunicación cultural entre las Comunidades Autónomas, de acuerdo con ellas.

3. Las materias no atribuidas expresamente al Estado por esta Constitución podrán corresponder a las Comunidades Autónomas, en virtud de sus respectivos Estatutos. La competencia sobre las materias que no se hayan asumido por los Estatutos de Autonomía corresponderá al Estado, cuyas normas prevalecerán, en caso de conflicto, sobre las de las Comunidades Autónomas en todo lo que no esté atribuido a la exclusiva competencia de éstas. El derecho estatal será, en todo caso, supletorio del derecho de las Comunidades Autónomas.

<table>
<tr><td colspan="2">(4) Nº de lecturas/ Fecha programada próxima lectura</td><td>Nº ....
Fecha ..../..../....</td></tr>
<tr><td colspan="3">(5) PREGUNTAS TRAS LAS LECTURAS</td></tr>
<tr><td colspan="3"></td></tr>
<tr><td>(5.1.) ¿Cuál es el supuesto de hecho para que se dé la consecuencia jurídica?</td><td colspan="2">(5.2.) ¿Qué consecuencia pasa o sucede si se da el supuesto de hecho?</td></tr>
<tr><td></td><td colspan="2"></td></tr>
<tr><td colspan="2">(6) Nº de contestaciones total a todas las preguntas/
Fecha programada próxima contestación a todas las preguntas</td><td>Nº ....
Fecha ..../..../....</td></tr>
</table>

(7) ESQUEMA	(9) RESUMEN

(8) Nº de repasos esquema/Fecha programada próximo repaso esquema	Nº ………. Fecha ..../..../....	(10) Nº de repasos resumen/Fecha programada próximo repaso resumen	Nº ………. Fecha ..../..../....
(11) TUS REGLAS NEMOTÉCNICAS			

(12) AMPLIACIÓN DEL CONTENIDO: PRECEPTOS DE ESTA NORMA/PRECEPTOS DE OTRAS NORMAS/DOCTRINA: SENTENCIAS O RESOLUCIONES DE ÓRGANOS CONSULTIVOS/NOTAS

(13) Nº de repasos/ Fecha programada próximo repaso ampliación contenido	Nº ………. Fecha ..../...../...

(14) MODIFICACIONES AL PRECEPTO/DECLARACIÓN DE NULIDAD	
(15) Incorporación a texto y programación arriba	SI/NO

☛ Artículo 150

Tema (1)	
Epígrafe (2)	
Artículos relacionados (3)	

1. Las Cortes Generales, en materias de competencia estatal, podrán atribuir a todas o a alguna de las Comunidades Autónomas la facultad de dictar, para sí mismas, normas legislativas en el marco de los principios, bases y directrices fijados por una ley estatal. Sin perjuicio de la competencia de los Tribunales, en cada ley marco se establecerá la modalidad del control de las Cortes Generales sobre estas normas legislativas de las Comunidades Autónomas.

2. El Estado podrá transferir o delegar en las Comunidades Autónomas, mediante ley orgánica, facultades correspondientes a materia de titularidad estatal que por su propia naturaleza sean susceptibles de transferencia o delegación. La ley preverá en cada caso la correspondiente transferencia de medios financieros, así como las formas de control que se reserve el Estado.

3. El Estado podrá dictar leyes que establezcan los principios necesarios para armonizar las disposiciones normativas de las Comunidades Autónomas, aun en el caso de materias atribuidas a la competencia de éstas, cuando así lo exija el interés general. Corresponde a las Cortes Generales, por mayoría absoluta de cada Cámara, la apreciación de esta necesidad.

(4) Nº de lecturas/ Fecha programada próxima lectura	Nº .... Fecha ..../..../....
(5) PREGUNTAS TRAS LAS LECTURAS	

(5.1.) ¿Cuál es el supuesto de hecho para que se dé la consecuencia jurídica?	(5.2.) ¿Qué consecuencia pasa o sucede si se da el supuesto de hecho?

(6) Nº de contestaciones total a todas las preguntas/ Fecha programada próxima contestación a todas las preguntas	Nº ……….. Fecha …./…./….

(7) ESQUEMA	(9) RESUMEN

(8) Nº de repasos esquema/Fecha programada próximo repaso esquema	Nº ……….. Fecha …./…./….	(10) Nº de repasos resumen/Fecha programada próximo repaso resumen	Nº ……….. Fecha …./…./….

(11) TUS REGLAS NEMOTÉCNICAS		
(12) AMPLIACIÓN DEL CONTENIDO: PRECEPTOS DE ESTA NORMA/PRECEPTOS DE OTRAS NORMAS/DOCTRINA: SENTENCIAS O RESOLUCIONES DE ÓRGANOS CONSULTIVOS/NOTAS		
(13) Nº de repasos/ Fecha programada próximo repaso ampliación contenido		Nº .... Fecha ..../...../...
(14) MODIFICACIONES AL PRECEPTO/DECLARACIÓN DE NULIDAD		
(15) Incorporación a texto y programación arriba		SI/NO

☛ Artículo 151

Tema (1)	
Epígrafe (2)	
Artículos relacionados (3)	

1. No será preciso dejar transcurrir el plazo de cinco años, a que se refiere el apartado 2 del artículo 148, cuando la iniciativa del proceso autonómico sea acordada dentro del plazo del artículo 143.2, además de por las Diputaciones o los órganos interinsulares correspondientes, por las tres cuartas partes de los municipios de cada una de las provincias afectadas que representen, al menos, la mayoría del censo electoral de cada una de ellas y dicha iniciativa sea ratificada mediante referéndum por el voto afirmativo de la mayoría absoluta de los electores de cada provincia en los términos que establezca una ley orgánica.

2. En el supuesto previsto en el apartado anterior, el procedimiento para la elaboración del Estatuto será el siguiente:

1.º El Gobierno convocará a todos los Diputados y Senadores elegidos en las circunscripciones comprendidas en el ámbito territorial que pretenda acceder al autogobierno, para que se constituyan en Asamblea, a los solos efectos de elaborar el correspondiente proyecto de Estatuto de autonomía, mediante el acuerdo de la mayoría absoluta de sus miembros.

2.º Aprobado el proyecto de Estatuto por la Asamblea de Parlamentarios, se remitirá a la Comisión Constitucional del Congreso, la cual, dentro del plazo de dos meses, lo examinará con el concurso y asistencia de una delegación de la Asamblea proponente para determinar de común acuerdo su formulación definitiva.

3.º Si se alcanzare dicho acuerdo, el texto resultante será sometido a referéndum del cuerpo electoral de las provincias comprendidas en el ámbito territorial del proyectado Estatuto.

4.º Si el proyecto de Estatuto es aprobado en cada provincia por la mayoría de los votos válidamente emitidos, será elevado a las Cortes Generales. Los plenos de ambas Cámaras decidirán sobre el texto mediante un voto de ratificación. Aprobado el Estatuto, el Rey lo sancionará y lo promulgará como ley.

5.º De no alcanzarse el acuerdo a que se refiere el apartado 2 de este número, el proyecto de Estatuto será tramitado como proyecto de ley ante las Cortes Generales. El texto aprobado por éstas será sometido a referéndum del cuerpo electoral de las provincias comprendidas en el ámbito territorial del proyectado Estatuto. En caso de ser aprobado por la mayoría de los votos válidamente emitidos en cada provincia, procederá su promulgación en los términos del párrafo anterior.

3. En los casos de los párrafos 4.º y 5.º del apartado anterior, la no aprobación del proyecto de Estatuto por una o varias provincias no impedirá la constitución entre las restantes de la Comunidad Autónoma proyectada, en la forma que establezca la ley orgánica prevista en el apartado 1 de este artículo.

<table>
<tr><td>(4) Nº de lecturas/ Fecha programada próxima lectura</td><td>Nº ....
Fecha ..../..../....</td></tr>
<tr><td colspan="2">(5) PREGUNTAS TRAS LAS LECTURAS</td></tr>
<tr><td colspan="2"></td></tr>
<tr><td>(5.1.) ¿Cuál es el supuesto de hecho para que se dé la consecuencia jurídica?</td><td>(5.2.) ¿Qué consecuencia pasa o sucede si se da el supuesto de hecho?</td></tr>
<tr><td></td><td></td></tr>
</table>

(6) Nº de contestaciones total a todas las preguntas/ Fecha programada próxima contestación a todas las preguntas	Nº ……….. Fecha …./…./….

(7) ESQUEMA	(9) RESUMEN

(8) Nº de repasos esquema/Fecha programada próximo repaso esquema	Nº ……….. Fecha …./…./….	(10) Nº de repasos resumen/Fecha programada próximo repaso resumen	Nº ……….. Fecha …./…./….

(11) TUS REGLAS NEMOTÉCNICAS	

(12) AMPLIACIÓN DEL CONTENIDO: PRECEPTOS DE ESTA NORMA/PRECEPTOS DE OTRAS NORMAS/DOCTRINA: SENTENCIAS O RESOLUCIONES DE ÓRGANOS CONSULTIVOS/NOTAS

(13) Nº de repasos/ Fecha programada próximo repaso ampliación contenido	Nº .... Fecha ..../...../...
(14) MODIFICACIONES AL PRECEPTO/DECLARACIÓN DE NULIDAD	
(15) Incorporación a texto y programación arriba	SI/NO

Artículo 152

Tema (1)	
Epígrafe (2)	
Artículos relacionados (3)	

1. En los Estatutos aprobados por el procedimiento a que se refiere el artículo anterior, la organización institucional autonómica se basará en una Asamblea Legislativa, elegida por sufragio universal, con arreglo a un sistema de representación proporcional que asegure, además, la representación de las diversas zonas del territorio; un Consejo de Gobierno con funciones ejecutivas y administrativas y un Presidente, elegido por la Asamblea, de entre sus miembros, y nombrado por el Rey, al que corresponde la dirección del Consejo de Gobierno, la suprema representación de la respectiva Comunidad y la ordinaria del Estado en aquélla. El Presidente y los miembros del Consejo de Gobierno serán políticamente responsables ante la Asamblea.

Un Tribunal Superior de Justicia, sin perjuicio de la jurisdicción que corresponde al Tribunal Supremo, culminará la organización judicial en el ámbito territorial de la Comunidad Autónoma. En los Estatutos de las Comunidades Autónomas podrán establecerse los supuestos y las formas de participación de aquéllas en la organización de las demarcaciones judiciales del territorio. Todo ello de conformidad con lo previsto en la ley orgánica del poder judicial y dentro de la unidad e independencia de éste.

Sin perjuicio de lo dispuesto en el artículo 123, las sucesivas instancias procesales, en su caso, se agotarán ante órganos judiciales radicados en el mismo territorio de la Comunidad Autónoma en que esté el órgano competente en primera instancia.

2. Una vez sancionados y promulgados los respectivos Estatutos, solamente podrán ser modificados mediante los procedimientos en ellos establecidos y con referéndum entre los electores inscritos en los censos correspondientes.

3. Mediante la agrupación de municipios limítrofes, los Estatutos podrán establecer circunscripciones territoriales propias, que gozarán de plena personalidad jurídica.

(4) Nº de lecturas/ Fecha programada próxima lectura	**Nº ....** **Fecha ..../..../....**

(5) PREGUNTAS TRAS LAS LECTURAS

(5.1.) ¿Cuál es el supuesto de hecho para que se dé la consecuencia jurídica?	**(5.2.) ¿Qué consecuencia pasa o sucede si se da el supuesto de hecho?**

(6) Nº de contestaciones total a todas las preguntas/ **Fecha programada próxima contestación a todas las preguntas**	**Nº ....** **Fecha ..../..../....**

(7) ESQUEMA	**(9) RESUMEN**

(8) Nº de repasos esquema/Fecha programada próximo repaso esquema	Nº .... Fecha ..../..../....	(10) Nº de repasos resumen/Fecha programada próximo repaso resumen	Nº .... Fecha ..../..../....
(11) TUS REGLAS NEMOTÉCNICAS			

(12) AMPLIACIÓN DEL CONTENIDO: PRECEPTOS DE ESTA NORMA/PRECEPTOS DE OTRAS NORMAS/DOCTRINA: SENTENCIAS O RESOLUCIONES DE ÓRGANOS CONSULTIVOS/NOTAS

(13) Nº de repasos/ Fecha programada próximo repaso ampliación contenido	Nº .... Fecha ..../...../...
(14) MODIFICACIONES AL PRECEPTO/DECLARACIÓN DE NULIDAD	
(15) Incorporación a texto y programación arriba	SI/NO

☛ Artículo 153

Tema (1)	
Epígrafe (2)	
Artículos relacionados (3)	

El control de la actividad de los órganos de las Comunidades Autónomas se ejercerá:

a) Por el Tribunal Constitucional, el relativo a la constitucionalidad de sus disposiciones normativas con fuerza de ley.

b) Por el Gobierno, previo dictamen del Consejo de Estado, el del ejercicio de funciones delegadas a que se refiere el apartado 2 del artículo 150.

c) Por la jurisdicción contencioso-administrativa, el de la administración autónoma y sus normas reglamentarias.

d) Por el Tribunal de Cuentas, el económico y presupuestario.

<table>
<tr><td colspan="2">(4) Nº de lecturas/ Fecha programada próxima lectura</td><td>Nº ....
Fecha ..../..../....</td></tr>
<tr><td colspan="3">(5) PREGUNTAS TRAS LAS LECTURAS</td></tr>
<tr><td colspan="3"></td></tr>
<tr><td>(5.1.) ¿Cuál es el supuesto de hecho para que se dé la consecuencia jurídica?</td><td colspan="2">(5.2.) ¿Qué consecuencia pasa o sucede si se da el supuesto de hecho?</td></tr>
<tr><td></td><td colspan="2"></td></tr>
<tr><td colspan="2">(6) Nº de contestaciones total a todas las preguntas/
Fecha programada próxima contestación a todas las preguntas</td><td>Nº ....
Fecha ..../..../....</td></tr>
<tr><td>(7) ESQUEMA</td><td colspan="2">(9) RESUMEN</td></tr>
<tr><td></td><td colspan="2"></td></tr>
</table>

(8) Nº de repasos esquema/Fecha programada próximo repaso esquema	Nº .... Fecha ..../..../....	(10) Nº de repasos resumen/Fecha programada próximo repaso resumen	Nº .... Fecha ..../..../....
(11) TUS REGLAS NEMOTÉCNICAS			
(12) AMPLIACIÓN DEL CONTENIDO: PRECEPTOS DE ESTA NORMA/PRECEPTOS DE OTRAS NORMAS/DOCTRINA: SENTENCIAS O RESOLUCIONES DE ÓRGANOS CONSULTIVOS/NOTAS			
(13) Nº de repasos/ Fecha programada próximo repaso ampliación contenido			Nº .... Fecha ..../...../...
(14) MODIFICACIONES AL PRECEPTO/DECLARACIÓN DE NULIDAD			
(15) Incorporación a texto y programación arriba			SI/NO

☛ Artículo 154

Tema (1)	
Epígrafe (2)	
Artículos relacionados (3)	

Un Delegado nombrado por el Gobierno dirigirá la Administración del Estado en el territorio de la Comunidad Autónoma y la coordinará, cuando proceda, con la administración propia de la Comunidad.

(4) Nº de lecturas/ Fecha programada próxima lectura	Nº ……….. Fecha …./…./….

(5) PREGUNTAS TRAS LAS LECTURAS

(5.1.) ¿Cuál es el supuesto de hecho para que se dé la consecuencia jurídica?	(5.2.) ¿Qué consecuencia pasa o sucede si se da el supuesto de hecho?

(6) Nº de contestaciones total a todas las preguntas/ Fecha programada próxima contestación a todas las preguntas	Nº ……….. Fecha …./…./….

(7) ESQUEMA	(9) RESUMEN

(8) Nº de repasos esquema/Fecha programada próximo repaso esquema	Nº .... Fecha ..../..../....	(10) Nº de repasos resumen/Fecha programada próximo repaso resumen	Nº .... Fecha ..../..../....
(11) TUS REGLAS NEMOTÉCNICAS			
(12) AMPLIACIÓN DEL CONTENIDO: PRECEPTOS DE ESTA NORMA/PRECEPTOS DE OTRAS NORMAS/DOCTRINA: SENTENCIAS O RESOLUCIONES DE ÓRGANOS CONSULTIVOS/NOTAS			
(13) Nº de repasos/ Fecha programada próximo repaso ampliación contenido			Nº .... Fecha ..../...../...
(14) MODIFICACIONES AL PRECEPTO/DECLARACIÓN DE NULIDAD			
(15) Incorporación a texto y programación arriba			SI/NO

☛ Artículo 155

Tema (1)	
Epígrafe (2)	
Artículos relacionados (3)	

1. Si una Comunidad Autónoma no cumpliere las obligaciones que la Constitución u otras leyes le impongan, o actuare de forma que atente gravemente al interés general de España, el Gobierno, previo requerimiento al Presidente de la Comunidad Autónoma y, en el caso de no ser atendido, con la aprobación por mayoría absoluta del Senado, podrá adoptar las medidas necesarias para obligar

a aquélla al cumplimiento forzoso de dichas obligaciones o para la protección del mencionado interés general.

2. Para la ejecución de las medidas previstas en el apartado anterior, el Gobierno podrá dar instrucciones a todas las autoridades de las Comunidades Autónomas.

<table>
<tr><td colspan="2">(4) Nº de lecturas/ Fecha programada próxima lectura</td><td>Nº ....
Fecha ..../..../....</td></tr>
<tr><td colspan="3">(5) PREGUNTAS TRAS LAS LECTURAS</td></tr>
<tr><td colspan="3"></td></tr>
<tr><td>(5.1.) ¿Cuál es el supuesto de hecho para que se dé la consecuencia jurídica?</td><td colspan="2">(5.2.) ¿Qué consecuencia pasa o sucede si se da el supuesto de hecho?</td></tr>
<tr><td></td><td colspan="2"></td></tr>
<tr><td colspan="2">(6) Nº de contestaciones total a todas las preguntas/
Fecha programada próxima contestación a todas las preguntas</td><td>Nº ....
Fecha ..../..../....</td></tr>
<tr><td>(7) ESQUEMA</td><td colspan="2">(9) RESUMEN</td></tr>
<tr><td></td><td colspan="2"></td></tr>
</table>

(8) Nº de repasos esquema/Fecha programada próximo repaso esquema	Nº .... Fecha ..../..../....	(10) Nº de repasos resumen/Fecha programada próximo repaso resumen	Nº .... Fecha ..../..../....
(11) TUS REGLAS NEMOTÉCNICAS			

(12) AMPLIACIÓN DEL CONTENIDO: PRECEPTOS DE ESTA NORMA/PRECEPTOS DE OTRAS NORMAS/DOCTRINA: SENTENCIAS O RESOLUCIONES DE ÓRGANOS CONSULTIVOS/NOTAS

(13) Nº de repasos/ Fecha programada próximo repaso ampliación contenido	Nº .... Fecha ..../...../...
(14) MODIFICACIONES AL PRECEPTO/DECLARACIÓN DE NULIDAD	
(15) Incorporación a texto y programación arriba	SI/NO

☛ Artículo 156

Tema (1)	
Epígrafe (2)	
Artículos relacionados (3)	

1. Las Comunidades Autónomas gozarán de autonomía financiera para el desarrollo y ejecución de sus competencias con arreglo a los principios de coordinación con la Hacienda estatal y de solidaridad entre todos los españoles.

2. Las Comunidades Autónomas podrán actuar como delegados o colaboradores del Estado para la recaudación, la gestión y la liquidación de los recursos tributarios de aquél, de acuerdo con las leyes y los Estatutos.

(4) Nº de lecturas/ Fecha programada próxima lectura	**Nº ....** **Fecha ..../..../....**
(5) PREGUNTAS TRAS LAS LECTURAS	
(5.1.) ¿Cuál es el supuesto de hecho para que se dé la consecuencia jurídica?	**(5.2.) ¿Qué consecuencia pasa o sucede si se da el supuesto de hecho?**
(6) Nº de contestaciones total a todas las preguntas/ Fecha programada próxima contestación a todas las preguntas	**Nº ....** **Fecha ..../..../....**
(7) ESQUEMA	**(9) RESUMEN**

(8) Nº de repasos esquema/Fecha programada próximo repaso esquema	Nº .... Fecha ..../..../....	(10) Nº de repasos resumen/Fecha programada próximo repaso resumen	Nº .... Fecha ..../..../....
(11) TUS REGLAS NEMOTÉCNICAS			

(12) AMPLIACIÓN DEL CONTENIDO: PRECEPTOS DE ESTA NORMA/PRECEPTOS DE OTRAS NORMAS/DOCTRINA: SENTENCIAS O RESOLUCIONES DE ÓRGANOS CONSULTIVOS/NOTAS	
(13) Nº de repasos/ Fecha programada próximo repaso ampliación contenido	Nº .... Fecha ..../...../...
(14) MODIFICACIONES AL PRECEPTO/DECLARACIÓN DE NULIDAD	
(15) Incorporación a texto y programación arriba	SI/NO

☛ Artículo 157

Tema (1)	
Epígrafe (2)	
Artículos relacionados (3)	

1. Los recursos de las Comunidades Autónomas estarán constituidos por:

a) Impuestos cedidos total o parcialmente por el Estado; recargos sobre impuestos estatales y otras participaciones en los ingresos del Estado.

b) Sus propios impuestos, tasas y contribuciones especiales.

c) Transferencias de un Fondo de Compensación interterritorial y otras asignaciones con cargo a los Presupuestos Generales del Estado.

d) Rendimientos procedentes de su patrimonio e ingresos de derecho privado.

e) El producto de las operaciones de crédito.

2. Las Comunidades Autónomas no podrán en ningún caso adoptar medidas tributarias sobre bienes situados fuera de su territorio o que supongan obstáculo para la libre circulación de mercancías o servicios.

3. Mediante ley orgánica podrá regularse el ejercicio de las competencias financieras enumeradas en el precedente apartado 1, las normas para resolver los conflictos que pudieran surgir y las posibles formas de colaboración financiera entre las Comunidades Autónomas y el Estado.

<table>
<tr><td colspan="2">(4) Nº de lecturas/ Fecha programada próxima lectura</td><td>Nº ....
Fecha ..../..../....</td></tr>
<tr><td colspan="3">(5) PREGUNTAS TRAS LAS LECTURAS</td></tr>
<tr><td colspan="3"></td></tr>
<tr><td>(5.1.) ¿Cuál es el supuesto de hecho para que se dé la consecuencia jurídica?</td><td colspan="2">(5.2.) ¿Qué consecuencia pasa o sucede si se da el supuesto de hecho?</td></tr>
<tr><td></td><td colspan="2"></td></tr>
<tr><td colspan="2">(6) Nº de contestaciones total a todas las preguntas/
Fecha programada próxima contestación a todas las preguntas</td><td>Nº ....
Fecha ..../..../....</td></tr>
<tr><td>(7) ESQUEMA</td><td colspan="2">(9) RESUMEN</td></tr>
<tr><td></td><td colspan="2"></td></tr>
</table>

(8) Nº de repasos esquema/Fecha programada próximo repaso esquema	Nº ……….. Fecha …./…./….	(10) Nº de repasos resumen/Fecha programada próximo repaso resumen	Nº ……….. Fecha …./…./….
(11) TUS REGLAS NEMOTÉCNICAS			

(12) AMPLIACIÓN DEL CONTENIDO: PRECEPTOS DE ESTA NORMA/PRECEPTOS DE OTRAS NORMAS/DOCTRINA: SENTENCIAS O RESOLUCIONES DE ÓRGANOS CONSULTIVOS/NOTAS

(13) Nº de repasos/ Fecha programada próximo repaso ampliación contenido	Nº ……….. Fecha …./…../…

(14) MODIFICACIONES AL PRECEPTO/DECLARACIÓN DE NULIDAD

(15) Incorporación a texto y programación arriba	SI/NO

☛ Artículo 158

Tema (1)	
Epígrafe (2)	
Artículos relacionados (3)	

1. En los Presupuestos Generales del Estado podrá establecerse una asignación a las Comunidades Autónomas en función del volumen de los servicios y actividades estatales que hayan asumido y de la garantía de un nivel mínimo en la prestación de los servicios públicos fundamentales en todo el territorio español.

2. Con el fin de corregir desequilibrios económicos interterritoriales y hacer efectivo el principio de solidaridad, se constituirá un Fondo de Compensación con destino a gastos de inversión, cuyos recursos serán distribuidos por las Cortes Generales entre las Comunidades Autónomas y provincias, en su caso.

(4) Nº de lecturas/ Fecha programada próxima lectura	Nº .... Fecha ..../..../....

(5) PREGUNTAS TRAS LAS LECTURAS

(5.1.) ¿Cuál es el supuesto de hecho para que se dé la consecuencia jurídica?	(5.2.) ¿Qué consecuencia pasa o sucede si se da el supuesto de hecho?

(6) Nº de contestaciones total a todas las preguntas/ Fecha programada próxima contestación a todas las preguntas	Nº .... Fecha ..../..../....

(7) ESQUEMA	(9) RESUMEN

(8) Nº de repasos esquema/Fecha programada próximo repaso esquema	Nº ……….. Fecha …./…./….	(10) Nº de repasos resumen/Fecha programada próximo repaso resumen	Nº ……….. Fecha …./…./….
(11) TUS REGLAS NEMOTÉCNICAS			

(12) AMPLIACIÓN DEL CONTENIDO: PRECEPTOS DE ESTA NORMA/PRECEPTOS DE OTRAS NORMAS/DOCTRINA: SENTENCIAS O RESOLUCIONES DE ÓRGANOS CONSULTIVOS/NOTAS

(13) Nº de repasos/ Fecha programada próximo repaso ampliación contenido	Nº ……….. Fecha …./…../…

(14) MODIFICACIONES AL PRECEPTO/DECLARACIÓN DE NULIDAD

(15) Incorporación a texto y programación arriba	SI/NO

TÍTULO IX

Del Tribunal Constitucional

☛ Artículo 159

Tema (1)	
Epígrafe (2)	
Artículos relacionados (3)	

1. El Tribunal Constitucional se compone de 12 miembros nombrados por el Rey; de ellos, cuatro a propuesta del Congreso por mayoría de tres quintos de sus miembros; cuatro a propuesta del Senado, con idéntica mayoría; dos a propuesta del Gobierno, y dos a propuesta del Consejo General del Poder Judicial.

2. Los miembros del Tribunal Constitucional deberán ser nombrados entre Magistrados y Fiscales, Profesores de Universidad, funcionarios públicos y Abogados, todos ellos juristas de reconocida competencia con más de quince años de ejercicio profesional.

3. Los miembros del Tribunal Constitucional serán designados por un período de nueve años y se renovarán por terceras partes cada tres.

4. La condición de miembro del Tribunal Constitucional es incompatible: con todo mandato representativo; con los cargos políticos o administrativos; con el desempeño de funciones directivas en un partido político o en un sindicato y con el empleo al servicio de los mismos; con el ejercicio de las carreras judicial y fiscal, y con cualquier actividad profesional o mercantil.

En lo demás los miembros del Tribunal Constitucional tendrán las incompatibilidades propias de los miembros del poder judicial.

5. Los miembros del Tribunal Constitucional serán independientes e inamovibles en el ejercicio de su mandato.

<table>
<tr><td colspan="2">(4) Nº de lecturas/ Fecha programada próxima lectura</td><td>Nº ....
Fecha ..../..../....</td></tr>
<tr><td colspan="3">(5) PREGUNTAS TRAS LAS LECTURAS</td></tr>
<tr><td colspan="3"></td></tr>
<tr><td>(5.1.) ¿Cuál es el supuesto de hecho para que se dé la consecuencia jurídica?</td><td colspan="2">(5.2.) ¿Qué consecuencia pasa o sucede si se da el supuesto de hecho?</td></tr>
<tr><td></td><td colspan="2"></td></tr>
<tr><td colspan="2">(6) Nº de contestaciones total a todas las preguntas/
Fecha programada próxima contestación a todas las preguntas</td><td>Nº ....
Fecha ..../..../....</td></tr>
<tr><td>(7) ESQUEMA</td><td colspan="2">(9) RESUMEN</td></tr>
<tr><td></td><td colspan="2"></td></tr>
</table>

(8) Nº de repasos esquema/Fecha programada próximo repaso esquema	Nº .... Fecha ..../..../....	(10) Nº de repasos resumen/Fecha programada próximo repaso resumen	Nº .... Fecha ..../..../....
(11) TUS REGLAS NEMOTÉCNICAS			

(12) AMPLIACIÓN DEL CONTENIDO: PRECEPTOS DE ESTA NORMA/PRECEPTOS DE OTRAS NORMAS/DOCTRINA: SENTENCIAS O RESOLUCIONES DE ÓRGANOS CONSULTIVOS/NOTAS

(13) Nº de repasos/ Fecha programada próximo repaso ampliación contenido	Nº .... Fecha ..../...../...
(14) MODIFICACIONES AL PRECEPTO/DECLARACIÓN DE NULIDAD	
(15) Incorporación a texto y programación arriba	SI/NO

☛ Artículo 160

Tema (1)	
Epígrafe (2)	
Artículos relacionados (3)	

El Presidente del Tribunal Constitucional será nombrado entre sus miembros por el Rey, a propuesta del mismo Tribunal en pleno y por un período de tres años.

(4) Nº de lecturas/ Fecha programada próxima lectura	Nº .... Fecha ..../..../....

(5) PREGUNTAS TRAS LAS LECTURAS

(5.1.) ¿Cuál es el supuesto de hecho para que se dé la consecuencia jurídica?	(5.2.) ¿Qué consecuencia pasa o sucede si se da el supuesto de hecho?

(6) Nº de contestaciones total a todas las preguntas/ Fecha programada próxima contestación a todas las preguntas	Nº .... Fecha ..../..../....

(7) ESQUEMA	(9) RESUMEN

(8) Nº de repasos esquema/Fecha programada próximo repaso esquema	Nº .... Fecha ..../..../....	(10) Nº de repasos resumen/Fecha programada próximo repaso resumen	Nº .... Fecha ..../..../....

(11) TUS REGLAS NEMOTÉCNICAS	

(12) AMPLIACIÓN DEL CONTENIDO: PRECEPTOS DE ESTA NORMA/PRECEPTOS DE OTRAS NORMAS/DOCTRINA: SENTENCIAS O RESOLUCIONES DE ÓRGANOS CONSULTIVOS/NOTAS

(13) Nº de repasos/ Fecha programada próximo repaso ampliación contenido	Nº .... Fecha ..../...../...

(14) MODIFICACIONES AL PRECEPTO/DECLARACIÓN DE NULIDAD

(15) Incorporación a texto y programación arriba	SI/NO

☛ Artículo 161

Tema (1)	
Epígrafe (2)	
Artículos relacionados (3)	

1. El Tribunal Constitucional tiene jurisdicción en todo el territorio español y es competente para conocer:

a) Del recurso de inconstitucionalidad contra leyes y disposiciones normativas con fuerza de ley. La declaración de inconstitucionalidad de una norma jurídica con rango de ley, interpretada por la jurisprudencia, afectará a ésta, si bien la sentencia o sentencias recaídas no perderán el valor de cosa juzgada.

b) Del recurso de amparo por violación de los derechos y libertades referidos en el artículo 53, 2, de esta Constitución, en los casos y formas que la ley establezca.

c) De los conflictos de competencia entre el Estado y las Comunidades Autónomas o de los de éstas entre sí.

d) De las demás materias que le atribuyan la Constitución o las leyes orgánicas.

2. El Gobierno podrá impugnar ante el Tribunal Constitucional las disposiciones y resoluciones adoptadas por los órganos de las Comunidades Autónomas. La impugnación producirá la suspensión de la disposición o resolución recurrida, pero el Tribunal, en su caso, deberá ratificarla o levantarla en un plazo no superior a cinco meses.

(4) Nº de lecturas/ Fecha programada próxima lectura	**Nº ....** **Fecha ..../..../....**
(5) PREGUNTAS TRAS LAS LECTURAS	
(5.1.) ¿Cuál es el supuesto de hecho para que se dé la consecuencia jurídica?	**(5.2.) ¿Qué consecuencia pasa o sucede si se da el supuesto de hecho?**
(6) Nº de contestaciones total a todas las preguntas/ Fecha programada próxima contestación a todas las preguntas	**Nº ....** **Fecha ..../..../....**
(7) ESQUEMA	**(9) RESUMEN**

(8) Nº de repasos esquema/Fecha programada próximo repaso esquema	Nº .... Fecha ..../..../....	(10) Nº de repasos resumen/Fecha programada próximo repaso resumen	Nº .... Fecha ..../..../....
(11) TUS REGLAS NEMOTÉCNICAS			
(12) AMPLIACIÓN DEL CONTENIDO: PRECEPTOS DE ESTA NORMA/PRECEPTOS DE OTRAS NORMAS/DOCTRINA: SENTENCIAS O RESOLUCIONES DE ÓRGANOS CONSULTIVOS/NOTAS			
(13) Nº de repasos/ Fecha programada próximo repaso ampliación contenido			Nº .... Fecha ..../...../...
(14) MODIFICACIONES AL PRECEPTO/DECLARACIÓN DE NULIDAD			
(15) Incorporación a texto y programación arriba			SI/NO

☛ Artículo 162

Tema (1)	
Epígrafe (2)	
Artículos relacionados (3)	

1. Están legitimados:

a) Para interponer el recurso de inconstitucionalidad, el Presidente del Gobierno, el Defensor del Pueblo, 50 Diputados, 50 Senadores, los órganos colegiados ejecutivos de las Comunidades Autónomas y, en su caso, las Asambleas de las mismas.

b) Para interponer el recurso de amparo, toda persona natural o jurídica que invoque un interés legítimo, así como el Defensor del Pueblo y el Ministerio Fiscal.

2. En los demás casos, la ley orgánica determinará las personas y órganos legitimados.

(4) Nº de lecturas/ Fecha programada próxima lectura	Nº .... Fecha ..../..../....

(5) PREGUNTAS TRAS LAS LECTURAS

(5.1.) ¿Cuál es el supuesto de hecho para que se dé la consecuencia jurídica?	(5.2.) ¿Qué consecuencia pasa o sucede si se da el supuesto de hecho?

(6) Nº de contestaciones total a todas las preguntas/ Fecha programada próxima contestación a todas las preguntas	Nº .... Fecha ..../..../....

(7) ESQUEMA	(9) RESUMEN

(8) Nº de repasos esquema/Fecha programada próximo repaso esquema	Nº .... Fecha ..../..../....	(10) Nº de repasos resumen/Fecha programada próximo repaso resumen	Nº .... Fecha ..../..../....
(11) TUS REGLAS NEMOTÉCNICAS			

(12) AMPLIACIÓN DEL CONTENIDO: PRECEPTOS DE ESTA NORMA/PRECEPTOS DE OTRAS NORMAS/DOCTRINA: SENTENCIAS O RESOLUCIONES DE ÓRGANOS CONSULTIVOS/NOTAS

(13) Nº de repasos/ Fecha programada próximo repaso ampliación contenido	Nº .... Fecha ..../...../...

(14) MODIFICACIONES AL PRECEPTO/DECLARACIÓN DE NULIDAD

(15) Incorporación a texto y programación arriba	SI/NO

☛ Artículo 163

Tema (1)	
Epígrafe (2)	
Artículos relacionados (3)	

Cuando un órgano judicial considere, en algún proceso, que una norma con rango de ley, aplicable al caso, de cuya validez dependa el fallo, pueda ser contraria a la Constitución, planteará la cuestión ante el Tribunal Constitucional en los supuestos, en la forma y con los efectos que establezca la ley, que en ningún caso serán suspensivos.

<table>
<tr><td colspan="3">(4) Nº de lecturas/ Fecha programada próxima lectura</td><td>Nº ....
Fecha ..../..../....</td></tr>
<tr><td colspan="4">(5) PREGUNTAS TRAS LAS LECTURAS</td></tr>
<tr><td colspan="4"></td></tr>
<tr><td colspan="2">(5.1.) ¿Cuál es el supuesto de hecho para que se dé la consecuencia jurídica?</td><td colspan="2">(5.2.) ¿Qué consecuencia pasa o sucede si se da el supuesto de hecho?</td></tr>
<tr><td colspan="2"></td><td colspan="2"></td></tr>
<tr><td colspan="3">(6) Nº de contestaciones total a todas las preguntas/
Fecha programada próxima contestación a todas las preguntas</td><td>Nº ....
Fecha ..../..../....</td></tr>
<tr><td colspan="2">(7) ESQUEMA</td><td colspan="2">(9) RESUMEN</td></tr>
<tr><td colspan="2"></td><td colspan="2"></td></tr>
<tr><td>(8) Nº de repasos esquema/Fecha programada próximo repaso esquema</td><td>Nº ....
Fecha ..../..../....</td><td>(10) Nº de repasos resumen/Fecha programada próximo repaso resumen</td><td>Nº ....
Fecha ..../..../....</td></tr>
</table>

(11) TUS REGLAS NEMOTÉCNICAS	

(12) AMPLIACIÓN DEL CONTENIDO: PRECEPTOS DE ESTA NORMA/PRECEPTOS DE OTRAS NORMAS/DOCTRINA: SENTENCIAS O RESOLUCIONES DE ÓRGANOS CONSULTIVOS/NOTAS

(13) Nº de repasos/ Fecha programada próximo repaso ampliación contenido	Nº .... Fecha ..../...../...

(14) MODIFICACIONES AL PRECEPTO/DECLARACIÓN DE NULIDAD

(15) Incorporación a texto y programación arriba	SI/NO

Artículo 164

Tema (1)	
Epígrafe (2)	
Artículos relacionados (3)	

1. Las sentencias del Tribunal Constitucional se publicarán en el boletín oficial del Estado con los votos particulares, si los hubiere. Tienen el valor de cosa juzgada a partir del día siguiente de su publicación y no cabe recurso alguno contra ellas. Las que declaren la inconstitucionalidad de una ley o de una norma con fuerza de ley y todas las que no se limiten a la estimación subjetiva de un derecho, tienen plenos efectos frente a todos.

2. Salvo que en el fallo se disponga otra cosa, subsistirá la vigencia de la ley en la parte no afectada por la inconstitucionalidad.

(4) Nº de lecturas/ Fecha programada próxima lectura	Nº .... Fecha ..../..../....

(5) PREGUNTAS TRAS LAS LECTURAS

(5.1.) ¿Cuál es el supuesto de hecho para que se dé la consecuencia jurídica?	(5.2.) ¿Qué consecuencia pasa o sucede si se da el supuesto de hecho?

(6) Nº de contestaciones total a todas las preguntas/ Fecha programada próxima contestación a todas las preguntas	Nº .... Fecha ..../..../....

(7) ESQUEMA	(9) RESUMEN

(8) Nº de repasos esquema/Fecha programada próximo repaso esquema	Nº .... Fecha ..../..../....	(10) Nº de repasos resumen/Fecha programada próximo repaso resumen	Nº .... Fecha ..../..../....

(11) TUS REGLAS NEMOTÉCNICAS	

(12) AMPLIACIÓN DEL CONTENIDO: PRECEPTOS DE ESTA NORMA/PRECEPTOS DE OTRAS NORMAS/DOCTRINA: SENTENCIAS O RESOLUCIONES DE ÓRGANOS CONSULTIVOS/NOTAS

(13) Nº de repasos/ Fecha programada próximo repaso ampliación contenido	Nº .... Fecha ..../...../...

(14) MODIFICACIONES AL PRECEPTO/DECLARACIÓN DE NULIDAD

(15) Incorporación a texto y programación arriba	SI/NO

☛ Artículo 165

Tema (1)	
Epígrafe (2)	
Artículos relacionados (3)	

Una ley orgánica regulará el funcionamiento del Tribunal Constitucional, el estatuto de sus miembros, el procedimiento ante el mismo y las condiciones para el ejercicio de las acciones.

(4) Nº de lecturas/ Fecha programada próxima lectura	Nº .... Fecha ..../..../....

(5) PREGUNTAS TRAS LAS LECTURAS

(5.1.) ¿Cuál es el supuesto de hecho para que se dé la consecuencia jurídica?	(5.2.) ¿Qué consecuencia pasa o sucede si se da el supuesto de hecho?

(6) Nº de contestaciones total a todas las preguntas/ Fecha programada próxima contestación a todas las preguntas	Nº ……….. Fecha ..../…./….

(7) ESQUEMA	(9) RESUMEN

(8) Nº de repasos esquema/Fecha programada próximo repaso esquema	Nº ……….. Fecha ..../…./….	(10) Nº de repasos resumen/Fecha programada próximo repaso resumen	Nº ……….. Fecha ..../…./….

(11) TUS REGLAS NEMOTÉCNICAS	

(12) AMPLIACIÓN DEL CONTENIDO: PRECEPTOS DE ESTA NORMA/PRECEPTOS DE OTRAS NORMAS/DOCTRINA: SENTENCIAS O RESOLUCIONES DE ÓRGANOS CONSULTIVOS/NOTAS	
(13) Nº de repasos/ Fecha programada próximo repaso ampliación contenido	Nº .... Fecha ..../...../...
(14) MODIFICACIONES AL PRECEPTO/DECLARACIÓN DE NULIDAD	
(15) Incorporación a texto y programación arriba	SI/NO

TÍTULO X

De la reforma constitucional

Artículo 166

Tema (1)	
Epígrafe (2)	
Artículos relacionados (3)	

La iniciativa de reforma constitucional se ejercerá en los términos previstos en los apartados 1 y 2 del artículo 87.

(4) Nº de lecturas/ Fecha programada próxima lectura	Nº .... Fecha ..../..../....
(5) PREGUNTAS TRAS LAS LECTURAS	

<table>
<tr><td colspan="2">(5.1.) ¿Cuál es el supuesto de hecho para que se dé la consecuencia jurídica?</td><td colspan="2">(5.2.) ¿Qué consecuencia pasa o sucede si se da el supuesto de hecho?</td></tr>
<tr><td colspan="2"></td><td colspan="2"></td></tr>
<tr><td colspan="3">(6) Nº de contestaciones total a todas las preguntas/
Fecha programada próxima contestación a todas las preguntas</td><td>Nº ....
Fecha ..../..../....</td></tr>
<tr><td colspan="2">(7) ESQUEMA</td><td colspan="2">(9) RESUMEN</td></tr>
<tr><td colspan="2"></td><td colspan="2"></td></tr>
<tr><td>(8) Nº de repasos esquema/Fecha programada próximo repaso esquema</td><td>Nº ....
Fecha ..../..../....</td><td>(10) Nº de repasos resumen/Fecha programada próximo repaso resumen</td><td>Nº ....
Fecha ..../..../....</td></tr>
<tr><td>(11) TUS REGLAS NEMOTÉCNICAS</td><td colspan="3"></td></tr>
</table>

(12) AMPLIACIÓN DEL CONTENIDO: PRECEPTOS DE ESTA NORMA/PRECEPTOS DE OTRAS NORMAS/DOCTRINA: SENTENCIAS O RESOLUCIONES DE ÓRGANOS CONSULTIVOS/NOTAS	
(13) Nº de repasos/ Fecha programada próximo repaso ampliación contenido	Nº .... Fecha ..../...../...
(14) MODIFICACIONES AL PRECEPTO/DECLARACIÓN DE NULIDAD	
(15) Incorporación a texto y programación arriba	SI/NO

☛ Artículo 167

Tema (1)	
Epígrafe (2)	
Artículos relacionados (3)	

1. Los proyectos de reforma constitucional deberán ser aprobados por una mayoría de tres quintos de cada una de las Cámaras. Si no hubiera acuerdo entre ambas, se intentará obtenerlo mediante la creación de una Comisión de composición paritaria de Diputados y Senadores, que presentará un texto que será votado por el Congreso y el Senado.

2. De no lograrse la aprobación mediante el procedimiento del apartado anterior, y siempre que el texto hubiere obtenido el voto favorable de la mayoría absoluta del Senado, el Congreso, por mayoría de dos tercios, podrá aprobar la reforma.

3. Aprobada la reforma por las Cortes Generales, será sometida a referéndum para su ratificación cuando así lo soliciten, dentro de los quince días siguientes a su aprobación, una décima parte de los miembros de cualquiera de las Cámaras.

(4) Nº de lecturas/ Fecha programada próxima lectura	Nº .... Fecha ..../..../....
(5) PREGUNTAS TRAS LAS LECTURAS	

(5.1.) ¿Cuál es el supuesto de hecho para que se dé la consecuencia jurídica?	(5.2.) ¿Qué consecuencia pasa o sucede si se da el supuesto de hecho?

(6) Nº de contestaciones total a todas las preguntas/ Fecha programada próxima contestación a todas las preguntas	Nº .... Fecha ..../..../....

(7) ESQUEMA	(9) RESUMEN

(8) Nº de repasos esquema/Fecha programada próximo repaso esquema	Nº .... Fecha ..../..../....	(10) Nº de repasos resumen/Fecha programada próximo repaso resumen	Nº .... Fecha ..../..../....

(11) TUS REGLAS NEMOTÉCNICAS	

(12) AMPLIACIÓN DEL CONTENIDO: PRECEPTOS DE ESTA NORMA/PRECEPTOS DE OTRAS NORMAS/DOCTRINA: SENTENCIAS O RESOLUCIONES DE ÓRGANOS CONSULTIVOS/NOTAS	
(13) Nº de repasos/ Fecha programada próximo repaso ampliación contenido	Nº .... Fecha ..../...../...
(14) MODIFICACIONES AL PRECEPTO/DECLARACIÓN DE NULIDAD	
(15) Incorporación a texto y programación arriba	SI/NO

☛ Artículo 168

Tema (1)	
Epígrafe (2)	
Artículos relacionados (3)	

1. Cuando se propusiere la revisión total de la Constitución o una parcial que afecte al Título preliminar, al Capítulo segundo, Sección primera del Título I, o al Título II, se procederá a la aprobación del principio por mayoría de dos tercios de cada Cámara, y a la disolución inmediata de las Cortes.

2. Las Cámaras elegidas deberán ratificar la decisión y proceder al estudio del nuevo texto constitucional, que deberá ser aprobado por mayoría de dos tercios de ambas Cámaras.

3. Aprobada la reforma por las Cortes Generales, será sometida a referéndum para su ratificación.

(4) Nº de lecturas/ Fecha programada próxima lectura	Nº .... Fecha ..../..../....
(5) PREGUNTAS TRAS LAS LECTURAS	

(5.1.) ¿Cuál es el supuesto de hecho para que se dé la consecuencia jurídica?	(5.2.) ¿Qué consecuencia pasa o sucede si se da el supuesto de hecho?

(6) Nº de contestaciones total a todas las preguntas/ Fecha programada próxima contestación a todas las preguntas	Nº ……….. Fecha …./…./….

(7) ESQUEMA	(9) RESUMEN

(8) Nº de repasos esquema/Fecha programada próximo repaso esquema	Nº ……….. Fecha …./…./….	(10) Nº de repasos resumen/Fecha programada próximo repaso resumen	Nº ……….. Fecha …./…./….

(11) TUS REGLAS NEMOTÉCNICAS	

(12) AMPLIACIÓN DEL CONTENIDO: PRECEPTOS DE ESTA NORMA/PRECEPTOS DE OTRAS NORMAS/DOCTRINA: SENTENCIAS O RESOLUCIONES DE ÓRGANOS CONSULTIVOS/NOTAS	
(13) Nº de repasos/ Fecha programada próximo repaso ampliación contenido	Nº .... Fecha ..../...../...
(14) MODIFICACIONES AL PRECEPTO/DECLARACIÓN DE NULIDAD	
(15) Incorporación a texto y programación arriba	SI/NO

☛ Artículo 169

Tema (1)	
Epígrafe (2)	
Artículos relacionados (3)	

No podrá iniciarse la reforma constitucional en tiempo de guerra o de vigencia de alguno de los estados previstos en el artículo 116.

(4) Nº de lecturas/ Fecha programada próxima lectura	Nº .... Fecha ..../..../....
(5) PREGUNTAS TRAS LAS LECTURAS	
(5.1.) ¿Cuál es el supuesto de hecho para que se dé la consecuencia jurídica?	(5.2.) ¿Qué consecuencia pasa o sucede si se da el supuesto de hecho?

(6) Nº de contestaciones total a todas las preguntas/ Fecha programada próxima contestación a todas las preguntas	Nº .... Fecha ..../..../....

(7) ESQUEMA	(9) RESUMEN

(8) Nº de repasos esquema/Fecha programada próximo repaso esquema	Nº .... Fecha ..../..../....	(10) Nº de repasos resumen/Fecha programada próximo repaso resumen	Nº .... Fecha ..../..../....
(11) TUS REGLAS NEMOTÉCNICAS			

(12) AMPLIACIÓN DEL CONTENIDO: PRECEPTOS DE ESTA NORMA/PRECEPTOS DE OTRAS NORMAS/DOCTRINA: SENTENCIAS O RESOLUCIONES DE ÓRGANOS CONSULTIVOS/NOTAS

(13) Nº de repasos/ Fecha programada próximo repaso ampliación contenido	Nº .... Fecha ..../...../...

(14) MODIFICACIONES AL PRECEPTO/DECLARACIÓN DE NULIDAD

(15) Incorporación a texto y programación arriba	SI/NO

DISPOSICIONES ADICIONALES

Primera.

La Constitución ampara y respeta los derechos históricos de los territorios forales.

La actualización general de dicho régimen foral se llevará a cabo, en su caso, en el marco de la Constitución y de los Estatutos de Autonomía.

Nº de lecturas/ Fecha programada próxima lectura	Nº .... Fecha ..../..../....

Segunda.

La declaración de mayoría de edad contenida en el artículo 12 de esta Constitución no perjudica las situaciones amparadas por los derechos forales en el ámbito del Derecho privado.

Nº de lecturas/ Fecha programada próxima lectura	Nº .... Fecha ..../..../....

Tercera.

La modificación del régimen económico y fiscal del archipiélago canario requerirá informe previo de la Comunidad Autónoma o, en su caso, del órgano provisional autonómico.

Nº de lecturas/ Fecha programada próxima lectura	Nº .... Fecha ..../..../....

☛ Cuarta.

En las Comunidades Autónomas donde tengan su sede más de una Audiencia Territorial, los Estatutos de Autonomía respectivos podrán mantener las existentes, distribuyendo las competencias entre ellas, siempre de conformidad con lo previsto en la ley orgánica del poder judicial y dentro de la unidad e independencia de éste.

Nº de lecturas/ Fecha programada próxima lectura	**Nº ....** **Fecha ..../..../....**

DISPOSICIONES TRANSITORIAS

☛ Primera.

En los territorios dotados de un régimen provisional de autonomía, sus órganos colegiados superiores, mediante acuerdo adoptado por la mayoría absoluta de sus miembros, podrán sustituir la iniciativa que en el apartado 2 del artículo 143 atribuye a las Diputaciones Provinciales o a los órganos interinsulares correspondientes.

Nº de lecturas/ Fecha programada próxima lectura	**Nº ....** **Fecha ..../..../....**

☛ Segunda.

Los territorios que en el pasado hubiesen plebiscitado afirmativamente proyectos de Estatuto de autonomía y cuenten, al tiempo de promulgarse esta Constitución, con regímenes provisionales de autonomía podrán proceder inmediatamente en la forma que se prevé en el apartado 2 del artículo 148, cuando así lo acordaren, por mayoría absoluta, sus órganos preautonómicos colegiados superiores, comunicándolo al Gobierno. El proyecto de Estatuto será elaborado de acuerdo con lo establecido en el artículo 151, número 2, a convocatoria del órgano colegiado preautonómico.

Nº de lecturas/ Fecha programada próxima lectura	Nº .... Fecha ..../..../....

☛ Tercera.

La iniciativa del proceso autonómico por parte de las Corporaciones locales o de sus miembros, prevista en el apartado 2 del artículo 143, se entiende diferida, con todos sus efectos, hasta la celebración de las primeras elecciones locales una vez vigente la Constitución.

Nº de lecturas/ Fecha programada próxima lectura	Nº .... Fecha ..../..../....

☛ Cuarta.

1. En el caso de Navarra, y a efectos de su incorporación al Consejo General Vasco o al régimen autonómico vasco que le sustituya, en lugar de lo que establece el artículo 143 de la Constitución, la iniciativa corresponde al Órgano Foral competente, el cual adoptará su decisión por mayoría de los miembros que lo componen. Para la validez de dicha iniciativa será preciso, además, que la decisión del Órgano Foral competente sea ratificada por referéndum expresamente convocado al efecto, y aprobado por mayoría de los votos válidos emitidos.

2. Si la iniciativa no prosperase, solamente se podrá reproducir la misma en distinto período del mandato del Órgano Foral competente, y en todo caso, cuando haya transcurrido el plazo mínimo que establece el artículo 143.

Nº de lecturas/ Fecha programada próxima lectura	Nº .... Fecha ..../..../....

☛ Quinta.

Las ciudades de Ceuta y Melilla podrán constituirse en Comunidades Autónomas si así lo deciden sus respectivos Ayuntamientos, mediante acuerdo adoptado por la mayoría absoluta de sus miembros y así lo autorizan las Cortes Generales, mediante una ley orgánica, en los términos previstos en el artículo 144.

Nº de lecturas/ Fecha programada próxima lectura	**Nº ....** **Fecha ..../..../....**

☛ Sexta.

Cuando se remitieran a la Comisión Constitucional del Congreso varios proyectos de Estatuto, se dictaminarán por el orden de entrada en aquélla, y el plazo de dos meses a que se refiere el artículo 151 empezará a contar desde que la Comisión termine el estudio del proyecto o proyectos de que sucesivamente haya conocido.

Nº de lecturas/ Fecha programada próxima lectura	**Nº ....** **Fecha ..../..../....**

☛ Séptima.

Los organismos provisionales autonómicos se considerarán disueltos en los siguientes casos:

a) Una vez constituidos los órganos que establezcan los Estatutos de Autonomía aprobados conforme a esta Constitución.

b) En el supuesto de que la iniciativa del proceso autonómico no llegara a prosperar por no cumplir los requisitos previstos en el artículo 143.

c) Si el organismo no hubiera ejercido el derecho que le reconoce la disposición transitoria primera en el plazo de tres años.

Nº de lecturas/ Fecha programada próxima lectura	**Nº ....** **Fecha ..../..../....**

☛ Octava.

1. Las Cámaras que han aprobado la presente Constitución asumirán, tras la entrada en vigor de la misma, las funciones y competencias que en ella se señalan, respectivamente, para el Congreso y el Senado, sin que en ningún caso su mandato se extienda más allá del 15 de junio de 1981.

2. A los efectos de lo establecido en el artículo 99, la promulgación de la Constitución se considerará como supuesto constitucional en el que procede su aplicación. A tal efecto, a partir de la citada promulgación se abrirá un período de treinta días para la aplicación de lo dispuesto en dicho artículo.

Durante este período, el actual Presidente del Gobierno, que asumirá las funciones y competencias que para dicho cargo establece la Constitución, podrá optar por utilizar la facultad que le reconoce el artículo 115 o dar paso, mediante la dimisión, a la aplicación de lo establecido en el artículo 99, quedando en este último caso en la situación prevista en el apartado 2 del artículo 101.

3. En caso de disolución, de acuerdo con lo previsto en el artículo 115, y si no se hubiera desarrollado legalmente lo previsto en los artículos 68 y 69, serán de aplicación en las elecciones las normas vigentes con anterioridad, con las solas excepciones de que en lo referente a inelegibilidades e incompatibilidades se aplicará directamente lo previsto en el inciso segundo de la letra b) del apartado 1 del artículo 70 de la Constitución, así como lo dispuesto en la misma respecto a la edad para el voto y lo establecido en el artículo 69,3.

Nº de lecturas/ Fecha programada próxima lectura	**Nº ....** **Fecha ..../..../....**

☛ Novena.

A los tres años de la elección por vez primera de los miembros del Tribunal Constitucional se procederá por sorteo para la designación de un grupo de cuatro miembros de la misma procedencia electiva que haya de cesar y renovarse. A estos solos efectos se entenderán agrupados como miembros de la misma procedencia a los dos designados a propuesta del Gobierno y a los dos que proceden de la formulada por el Consejo General del Poder Judicial. Del mismo modo se procederá transcurridos otros tres años entre los dos grupos no afectados por el sorteo anterior. A partir de entonces se estará a lo establecido en el número 3 del artículo 159.

Nº de lecturas/ Fecha programada próxima lectura	**Nº ....** **Fecha ..../..../....**

DISPOSICIÓN DEROGATORIA

1. Queda derogada la Ley 1/1977, de 4 de enero, para la Reforma Política, así como, en tanto en cuanto no estuvieran ya derogadas por la anteriormente mencionada Ley, la de Principios del Movimiento Nacional, de 17 de mayo de 1958; el Fuero de los Españoles, de 17 de julio de 1945; el del Trabajo, de 9 de marzo de 1938; la Ley Constitutiva de las Cortes, de 17 de julio de 1942; la Ley de Sucesión en la Jefatura del Estado, de 26 de julio de 1947, todas ellas modificadas por la Ley Orgánica del Estado, de 10 de enero de 1967, y en los mismos términos esta última y la de Referéndum Nacional de 22 de octubre de 1945.

2. En tanto en cuanto pudiera conservar alguna vigencia, se considera definitivamente derogada la Ley de 25 de octubre de 1839 en lo que pudiera afectar a las provincias de Álava, Guipúzcoa y Vizcaya.

En los mismos términos se considera definitivamente derogada la Ley de 21 de julio de 1876.

3. Asimismo quedan derogadas cuantas disposiciones se opongan a lo establecido en esta Constitución.

Nº de lecturas/ Fecha programada próxima lectura	**Nº ....** **Fecha ..../..../....**

DISPOSICIÓN FINAL

Esta Constitución entrará en vigor el mismo día de la publicación de su texto oficial en el boletín oficial del Estado. Se publicará también en las demás lenguas de España.

Nº de lecturas/ Fecha programada próxima lectura	**Nº ....** **Fecha ..../..../....**

POR TANTO,

MANDO A TODOS LOS ESPAÑOLES, PARTICULARES Y AUTORIDADES, QUE GUARDEN Y HAGAN GUARDAR ESTA CONSTITUCIÓN COMO NORMA FUNDAMENTAL DEL ESTADO.

PALACIO DE LAS CORTES, A VEINTISIETE DE DICIEMBRE DE MIL NOVECIENTOS SETENTA Y OCHO.

JUAN CARLOS

EL PRESIDENTE DE LAS CORTES

Antonio Hernández Gil

EL PRESIDENTE DEL CONGRESO DE LOS DIPUTADOS

Fernando Álvarez de Miranda y Torres

EL PRESIDENTE DEL SENADO

Antonio Fontán Pérez

Edición octubre 2022, revisada (372 páginas)
C/ José Jesús García Díaz, 2.
Edificio Henares 1, módulo 6. 41020-Sevilla
Teléfono: 955 28 74 84
Fax: 955 09 38 48
www.edicionesrodio.com
info@edicionesrodio.com
ISBN: 978-84-18794-66-7